Miley Cyrus

LA VIDA POR DELANTE

LA VIDA POR DELANTE

por **MILEY CYRUS**
con Hilary Liftin

Traducción de Marc Barrobés

EDICIONES **B**
GRUPO ZETA

Barcelona • Bogotá • Buenos Aires • Caracas • Madrid • México D. F.
Montevideo • Quito • Santiago de Chile

Título original: *Miles To Go*
Traductor: Marc Barrobés
Fotografías de Andrew Macpherson
1.ª edición: noviembre, 2009
1.ª reimpresión: noviembre, 2009
Publicado originalmente en Estados Unidos
y Canadá por Disney · Hyperion Books

Impreso en España – Printed in Spain
ISBN: 978-84-666-4257-6
Depósito legal: B. 43.924-2009

Impreso por LIBERDÚPLEX, S.L.U.
Ctra. BV 2249 Km 7,4 Polígono Torrentfondo
08791 - Sant Llorenç d'Hortons (Barcelona)

¡Dedicado a mi primer amor! El único hombre que me comprende. El único que poseerá siempre la llave de mi corazón. A quien tengo la suerte de poder considerar no sólo mi mejor amigo sino también mi héroe. Este libro está dedicado a la memoria de mi abuelo. ¡Te querré siempre! Gracias por responder a mis oraciones...

XO Miley

P.D. ¡Te echo de menos!

INTRODUCCIÓN

Vale, sé que sonará raro que empiece por aquí, pero pienso mucho en mis manos. Soy zurda de nacimiento, y aunque papá también lo es, está absolutamente convencido de que soy diestra. Creo que es porque siempre ha dicho que los zurdos tienen que «aprender el mundo al revés», y sé que más de una vez ha tenido problemas para encontrar una guitarra para zurdos... Sea como sea, desde el momento en que empecé a escribir, papá me hizo utilizar la mano derecha. Y funcionó. Para el resto de las cosas de la vida soy zurda, aunque escribo con la derecha. Así que si no os gusta mi caligrafía, hablad con papá.

Y para acabar de liar un poco más a mi lado zurdo, di con un libro de caligrafía y empecé a practicar por mi cuenta la escritura de caracteres chinos. Con la mano derecha. En un avión. Volaba de Los Ángeles a Nueva York en un jet fletado. Fue un vuelo turbulento, la tinta se derramó al menos dos veces y, no sé cómo lo hice, pero al final llené de tinta toda mi ropa, el papel, los asientos del avión y, cuando traté de lim-

9

piarlo todo, el lavabo. Mamá me gritaba porque lo estaba manchando todo de tinta, pero yo me sentía encantada.

La palabra *caligrafía* viene del griego y significa «escritura bonita». Aunque os aseguro que si los griegos hubieran visto lo que yo estaba haciendo, inventarían una palabra nueva para describirlo. Pero estaba obsesionada. Dibujé los kanjis para escribir «amor», «suerte», «vida» y «conocimiento» una y otra vez, primero lentamente y con cuidado, como un niño que aprende a escribir, y luego más rápido y mejor.

uno de mis primeros intentos

Suerte que el avión no estaba equipado para escribir en el cielo con humo, pues entonces probablemente habría tratado de convencer al piloto para que intentara escribir el kanji de «rock and roll». Tiene que haber alguna forma de escribirse en chino, ¿no?

7 hobbies por los que he estado obsesionada 5 segundos

1. caligrafía

2. abalorios

3. tricotar (durante dos segundos)

4. hacer álbumes de recortes

5. leer la biografía de Einstein

6. ser bióloga marina

7. alta costura

Hay quienes creen que la caligrafía explica todos los secretos de una persona, que las curvas, lazos y puntos de una lista garabateada o una nota pasada en clase revelan todo lo que hay que saber sobre alguien. Es una idea que mola, pero en realidad creo que lo único que puede decirse tras ver mi letra es que tendría que escribir con la otra mano. Casi todo lo demás —cepillarme los dientes, abrir puertas, sujetar el tenedor y llevar las riendas de mi caballo— lo hago con la mano izquierda. Y, bueno, papá no estaba tan equivocado, **realmente creo que a veces el mundo parece ir un poco al revés, aunque yo intente conseguir que todo vaya en la dirección correcta.**

Tal vez porque siempre he estado tan pendiente de mis manos, siempre las he sobreprotegido. Ya lo sé, ya lo sé: es raro.* Pero es que siento que mis manos son muy importantes. Mi energía, y todo lo que hago, sale de ellas.

Mi mano derecha es para el arte. La utilizo para tocar la guitarra y para escribir. Mi mano izquierda es para el cariño. Para peinar a mi hermana pequeña. Para estrechar la mano a los amigos. Para arrullar a *Sofie*, mi perrita, mientras se duerme. (Y en ocasiones para dar un cachete en la cocorota a mi hermano Brai-

* Seguro que leeréis mucho esta palabra en el libro. O al menos la pensaréis.

son, cuando se mete conmigo. Ya sé que no está bien...
¡pero todo tiene un límite!)

Dejo que mis dos manos se paseen libremente sobre las teclas del piano, buscando las notas adecuadas. Mis manos guían mis pensamientos cuando escribo en mi diario. Hojean la Biblia en busca de verdades. El ritmo de una nueva canción emerge mientras tamborileo sobre la superficie de una mesa. Palpo el camino en los momentos difíciles. Quiero que todo lo que hago sea artístico y lleno de cariño. Lo que soy, lo que digo, toda la esperanza y felicidad que pueda transmitir... todo sale de mis dos manos.

¿Soy diestra? ¿Soy zurda? ¿Ni una cosa ni la otra? ¿Soy cantante o actriz? ¿Soy un personaje público o alguien con una vida privada? ¿Por qué no puedo ser todas esas cosas a la vez? Salgo en la tele. Estoy escribiendo un libro. Pero también me gusta quedarme en casa con mi familia. Y sentirme sola (de un modo positivo) dentro de mi cabeza. ¿Soy la persona que conocéis de la televisión, de las fotos, incluso de este libro? ¿O somos todos, cada uno de nosotros, más escurridizos y difíciles de definir de lo que parece? ¿Quién soy yo para decirlo?

La mayoría de la gente me conoce como Hannah Montana, aunque Hannah es un personaje de la tele.

Es ficción. Sin duda, hay mucho de mí en el personaje. He intentado darle vida. Pero eso no lo convierte en real, ni en *mí misma*. Éste es un libro auténticamente mío (mi primera oportunidad de contar mi propia historia con mis propias palabras.) Aunque para contar mi historia, tengo que hablar de Hannah. Y no pasa nada. Porque creo que por eso mismo mucha gente me relaciona con Hannah Montana y Miley Stewart, mis álter ego en televisión. **Hay muchas personas dentro de cada uno de nosotros: la que somos y la que podríamos ser si perseguimos nuestros sueños.**

Tengo la impresión de que me paso el día respondiendo a preguntas sobre mí: me entrevistan en la tele, en la radio, para revistas; hablo con *paparazzi* y desconocidos en la calle. Una y otra vez tengo que contarle a alguien (y hasta ahora siempre ha sido verdad) que la gira está yendo genial, que el espectáculo es muy divertido y que me siento muy orgullosa de mi disco. Pero nunca se acerca nadie y me pregunta: «Oye, ¿qué piensas de tus manos? ¿Qué relación tienen con tu arte? ¿Qué significan para ti?» Este libro es una oportunidad para explicar, bromear, reflexionar y explorar aquello que es realmente importante

Sorpresa,
sorpresa.

14

para mí. Quiero responder a las preguntas que nunca me formulan. Quiero permitirme bajar la guardia. Quiero hablar de lo que significa la música para mí, y quiero que veáis que no todo en mi vida ha sido coser y cantar. No creáis que nunca me he sentido herida o hundida. Me he sentido presionada, rechazada, triste, aburrida y sola. Y también he experimentado mucha alegría y gratitud. Quiero compartir con vosotros quién soy realmente (no la chica virtuosa y brillante de las fotos en papel *couché* en las portadas de las revistas, sino una chica normal y corriente nacida en Nashville a la que le encanta Marilyn Monroe, no le gusta demasiado la verdura y siempre ha tenido ideas curiosas sobre sus manos).

Cuando empecé a trabajar en este libro tenía quince años, y cumplí los dieciséis poco antes de terminarlo. Soy muy joven para estar escribiendo sobre mi vida, pero también me consideran muy joven para muchas de las cosas que hago y con las que disfruto. No hay nada malo en ser joven. ¡La gente joven tiene mucha energía! Tenemos muchas cosas que decir. Nunca he andado escasa de pensamientos, ideas y opiniones. Sé que todavía me encuentro casi al principio de mi vida. Estoy viviendo un viaje increíble, y todo va superrápido. Por eso quiero plantar un poste justo aquí (en esta curva concreta del camino) antes de que su imagen empiece a desdibujarse a medida que sigo avanzando. Espero que os apuntéis y ~~disfrutéis del viaje~~* me acompañéis durante un rato.

*Perdonad la metáfora cursi sobre el viaje.

¡Lo veis! Mejoré.

KILÓMETRO UNO
Piensa más allá de la pecera

Letra y Melodía

Durante un tiempo tuve dos peces que me obsesionaban. Se llamaban *Letra* y *Melodía*. A veces, cuando me tocaba escribir, me sentaba y los observaba mientras nadaban dibujando círculos en su pecera. Fuera, en los prados, los caballos corrían libres; pero yo podría haberme quedado mirando eternamente a esos dos peces que nadaban en su mundo de cristal. Eran tan bonitos... No podía hacer otra cosa que rodear la pecera con las manos, sabiendo que allí dentro había algo maravilloso. Vida en un tarro.

La vida en un tarro es un milagro, pero también es una trampa. *Letra* y *Melodía* estaban atrapados, destinados a trazar la misma línea en el agua una y otra vez. Su mundo nunca iba más allá. Nunca vivirían aventuras como Nemo, nunca sabrían quiénes eran. Yo me quedaba absorta en su pequeño mundo, buscando una canción. «Piensa más allá de la pecera», eso fue lo que me dije. «Piensa más allá de la pecera.» **No quería quedarme encerrada como los peces, atrapada, viendo tan sólo el mundo que tenía delante de mí, atrapada nadando en círculos.** Aunque, cuando tenía once años, en sexto, se me hacía difícil imaginar cualquier mundo más allá de aquel en el que estaba atrapada.

No *siempre* estaba atrapada. Y logré salir de la trampa. Toda historia tiene un principio, un nudo y un desenlace, y la mía también. Pero como sólo tengo dieciséis años —digámoslo claro, todo esto es «el principio»—, lo que no quiero hacer es empezar por el día en que nací e ir contando todos los hitos importantes (¡me cayó un diente!, ¡me compraron una bici nueva!) hasta llegar a la fiesta de cumpleaños de los dieciséis años.

En vez de eso, empezaré a partir de sexto. Fue el último año en que se me conoció únicamente como Miley Cyrus. Y también fue una época decisiva de mi vida, tanto que ahora pienso en mi vida en términos de antes y después de ese año.

No todo es un camino de rosas

Decir que sexto no fue precisamente mi mejor curso sería la perogrullada de la década. Cuando me enteré de que la temporada de capítulos piloto —cuando se hacen todos los castings para series de televisión en Los Ángeles— coincidía en septiembre con el inicio del cole, me pasé más de una hora en el suelo berreando. Eso significaba que, si quería tener la más mínima posibilidad de salir en la tele, tendría que empezar el curso en Nashville un par de semanas más tarde. En esa época, la idea de saltarme días de clase me parecía horrible.

¡Si llego a saberlo!

Acabábamos de volver de pasar un año en Canadá, cerca de Toronto, donde papá protagonizaba la serie de televisión *Doc*. Mamá y él se habían pasado unos años viajando de aquí para allá, pero el verano antes de empezar yo quinto, le echábamos todos

20

tanto de menos que nos mudamos a Toronto con mamá.

Mamá me había dado clases en casa ese curso, de manera que ahora volvía a mi antiguo colegio tras un año de ausencia. No sólo eso, sino que sabía perfectamente bien que las primeras semanas de curso son decisivas (conoces a tus profesores, encuentras a tus amigos, descubres si la ropa nueva que te habías comprado para el cole es aceptable o totalmente *in*aceptable). **La gente guay se junta entre ella. La gente lista se junta entre ella. Yo y toda la demás gente artistoide que no somos ni chicha ni limonada vemos claro que será mejor unir fuerzas y hacer de tripas corazón.** Si una se pierde toda esa diversión, corre el riesgo de ser una proscrita. Una perdedora. Si habéis hecho quinto o sexto, ya sabéis de qué os estoy hablando. Si todavía no habéis llegado, pues... tened paciencia. La cosa mejora, os lo aseguro. De todas maneras, podéis imaginar que perderse esos días de clase era una calamidad. Aunque, si quería ser artista —y quería serlo—, no tenía otra elección. Tenía que ir a Los Ángeles.

No esperaba precisamente regresar al colegio y ser una de las chicas guays. La granja de Tennessee

¡Qué miedo!

No quería ser la rarita que va para actriz.

donde vivíamos cuando no estábamos en Toronto quedaba un poco apartada, por lo que no había ningún niño de los vecinos del que pudiera hacerme amiga. Crecí jugando con mis hermanos y mis hermanas, aunque también me encontraba a gusto junto a mis padres y sus amigos.

Tampoco ayudaba que yo tuviera siempre tanta energía. No había forma de que me estuviera quieta en mi silla y concentrada durante horas y horas. La gente no sabía exactamente cómo tratarme. No es que quisiera ser irrespetuosa, pero... No podía estarme quieta. Un año, el primer día de clase, el profesor me dijo que me castigaría si decía una palabra más. Me giré hacia una amiga y le susurré «una palabra más». ¡Bum! Castigada. Por susurrar. El primer día de curso. Suerte que el profesor no oyó exactamente lo que dije, o quién sabe qué me habría pasado.

En el cole siempre quise ser yo misma y no me avergonzaba. Tenía muchas cosas que decir. Destacaba en teatro y música. Sacaba buenas notas. Y tenía grandes sueños. No era la fórmula exacta para ser «guay». La mayoría de mis compañeros temían no encajar en el grupo; yo temía no destacar. Quería sentirme única, estrafalaria, diferente. Pero destacar por saltarme los primeros días cruciales de clase no era exactamente la idea que tenía en mente.

Sea como sea, cuando volví a Nashville para cursar sexto —dos semanas después de que hubieran empezado las clases— mis antiguas amigas parecieron contentas de verme, y la vida parecía volver a la normalidad. Empecé a creer que había esquivado una bala y que me había preocupado por nada. Pero poco a poco me di cuenta de que no era así. Una de mis amigas más íntimas, a la que llamaremos Rachel,* y yo habíamos empezado a acercarnos a un grupo de niñas de nuestra clase. No eran ni las «guays» ni las «malas». Entonces todavía no sabía exactamente cuál era su rollo, y ni siquiera ahora sabría cómo clasificarlas. Pero, por algún motivo, era el grupo en el que quería estar.

La primera señal de que había problemas fue la cosa más minúscula y diminuta que os podáis imaginar. Estábamos, después de mates, junto a las taquillas. Yo conté un chiste, y la líder —la llamaré NM, por Niña Mala— puso los ojos en blanco. Eso fue todo: un gesto minúsculo, cosa de un segundo. Pero estábamos en sexto. *Todo* significa *algo* en sexto. ¿Qué hice yo como respuesta? Nada, por supuesto. Quiero decir que, si ya has hecho sexto, ya sabes

* Evidentemente, no es su nombre auténtico.

cómo va. Si hubiera dicho algo directo como «¿A qué viene esa cara?», NM habría dicho algo con condescendencia como «No tengo ni idea de qué estás hablando» y yo me habría sentido humillada. Una sensación que detesto más que nada. Así que actué como si no la hubiera visto. Me lo quité de la cabeza.

Pero las señales continuaron. Pocos días después, mientras dejaba la bandeja de la comida sobre la mesa, me pareció oír un gruñido. *¿Un gruñido?* A la semana siguiente, llegué a clase vistiendo una nueva chaqueta tejana. Dije: «Me encanta la chaqueta que llevo.» Una de ellas dijo riendo con desdén: «¿En serio?», y me dirigió una mirada que me dejó seca como un guisante en el suelo. De la cena del día antes.

En ese momento supe que no estaba paranoica. Era una proscrita. ¿Por qué mis «amigas» me daban la espalda? No tenía ni idea. Pero aquí está. **Bienvenidos al infierno social de sexto curso.**

Sí, era lo que se llevaba en sexto.

Por otra parte...

¿Sabéis lo que se siente en un día caluroso de verano cuando se salta al agua fresca y vigorizante de una piscina? Bueno, pues así es como me sentí yo cuando volví a casa después de un día particularmente duro en el cole y me dijeron que habían llamado de Disney. Margot, una cazatalentos que se había interesado por mí, nos hizo saber que la gente de Disney le había pedido cintas de todas las chicas de entre los once y los dieciséis años de edad a las que hubiera representado. Querían una cinta mía leyendo para el papel de Lilly, la mejor amiga de una chica llamada Chloe Stewart en una nueva serie de televisión llamada *Hannah Montana*.

Desde el primer momento en que mis padres y yo leímos el guión, supimos que el de Chloe Stewart era mi papel soñado. El álter ego de Chloe, Hannah Montana, era una estrella del rock. La actriz que in-

25

terpretase ambos papeles cantaría las canciones de Hannah Montana. Cantar *y* actuar. Eran los dos sueños que yo tenía y, si conseguía ese papel, no tendría que descartar ninguno de los dos. Cuando papá leía el papel, no dejaba de decir: «Esto está hecho para Miley. Miley está hecha para esto.»

Pero, vaya, yo ya me hubiera contentado con interpretar a Lilly. O incluso me hubiera sentido afortunada interpretando a la planta de interior parlanchina de Chloe Stewart, por decir algo. Así que grabamos una cinta, la enviamos, y casi inmediatamente recibimos una llamada de Disney pidiéndome que les enviase otra cinta de prueba (y esta vez querían que leyera la parte de Hannah Montana). Estaba emocionadísima. En serio, seguro que mis chillidos asustaron a los pobres caballos que pacían en el prado. En mi imaginación, ya lo estaba dejando todo para mudarme a Los Ángeles. Claro que se suponía que Hannah tenía quince años y yo tenía doce. Casi doce. Vale, tenía once. Eso era un problema. Aunque, aun así, ellos ya sabían qué edad tenía y me pedían la cinta de todos modos, así que no debía de importar tanto.

Pero sí que importaba. Enviamos la segunda cinta y al día siguiente recibimos un correo electrónico diciendo que era demasiado joven para el papel de

¿Hola?
¿No sabían
lo de
la cinta
de Lilly?

26

Hannah. Me quedé como aplastada por una apisonadora. No, ¿cómo se dice diez veces aplastada por una apisonadora? Así estaba yo. Papá dijo: «Disney ha cometido un gran error. Mi intuición me dice que tú eres Hannah Montana.»

Lo único que podía pensar era: «pues vaya con la intuición de papá». Y ahora, volvamos a nuestra tortura programada: sexto.

Operación AVM

¿Existe algún manual sobre cómo torturar a las niñas de once años? Si no lo hay, las niñas con las que había empezado a ir —ya os acordáis, mis «amigas»— podrían escribir uno.* En invierno de aquel año, cada día se inventaban una nueva estrategia para la Operación Amargarle la Vida a Miley. Me enviaban notas insultantes. Me quitaban los libros y me hacían llegar tarde a clase. Se reían de mi ropa y de mi peinado. Le dijeron a Rachel —la amiga que se había juntado con ellas al mismo tiempo que yo— que si se sentaba conmigo a la hora de comer también se meterían con ella. Así que me sentaba sola en la mesa un día tras otro, mirando a las chicas que iban de góticas y preguntándome cómo quedaría yo con el pelo negro y cadenas. Enseguida lo tuve claro: no demasiado bien.

La lista continúa: Rachel dejó de hablarme. Cuando quise hacer la prueba para entrar en el equipo de

* ¡Pero qué digo? Es una idea horrorosa.

animadoras del cole, mis presuntas amigas le dijeron al director que había hecho trampa para saber cuáles eran los bailes de la prueba antes de tiempo. Una mentira total, pero el director las creyó y no me dejaron hacer la prueba. Ah, y nunca olvidaré cómo una de ellas se hizo la simpática conmigo durante unos días. Dijo que quería acabar con la «pelea». Me hizo que le dijera exactamente qué pensaba de «nuestras amigas» —que no entendía por qué no les caía bien, que sentía que se portaban mal conmigo—, luego volvió con ellas y les dijo que yo era una creída. Había estado fingiendo todo el tiempo. Recordándolo, creo que tal vez era ella la que tendría que haber sido actriz.

Al menos tenía mi propio equipo de animadoras de competición fuera del cole.

Yo = tonta del bote.

Si os suena a novelucha para adolescentes del tipo *Desventuras de una alumna de sexto*, se trataba de eso. No es que fuera indiferente a cuestiones como el hambre en el mundo o las guerras. Sabía que mis problemas eran relativamente ridículos. Pero eran *mis* problemas. Y parecían pesar más sobre mis hombros que el mundo entero. Así que, si queréis saber si me gustaba el colegio en esa época, la respuesta es evidentemente que no.

El primer sueño

Por suerte, tenía un mundo totalmente diferente fuera del colegio. En esa época, lo de actuar sólo era una pequeña parte de mi vida. Había empezado a hacer de animadora de competición a los seis años, y durante mucho tiempo eso lo fue todo para mí.

Fue mamá la que me convenció para hacer de animadora. Vivíamos en una granja grande, lo que era increíble, pero no había vecinos cerca, no había niños con los que pudiéramos jugar aparte de nosotros mismos, cosa que para mí no estaba nada mal. Me encantaban los animales, y me encantaba pasar el rato con mi genial hermano mayor Trace (yo le llamaba Trazz), mi fantástica hermana mayor Brandi, mi hermano pequeño Braison (yo le llamaba Brazz) y mi hermana más pequeña, Noah (cuando llegó). Pero mamá quería que tuviera algún amigo, además de los caballos, las gallinas y mis hermanos y hermanas. No en ese orden. (Vale, tal vez sí, en ese orden.) Como mamá había disfrutado mucho haciendo de animadora cuando era niña, quiso que yo también lo probara.

El primer día que se suponía que tenía que ir a entrenar, no me hacía ninguna gracia. Le supliqué: «¡Por favor, no me obligues a ir! ¿Qué hay de malo en tener a los caballos, las gallinas y los hermanos pequeños como mis únicos amigos? Ellos no me fallarán, no se reirán de mí», es verdad que huelen un poco mal (lo siento, Brazz), pero no pasa nada. No soy superficial.

Tal vez no resulte evidente por la vida que llevo hoy, pero estar rodeada de gente que no conozco me angustia. La sola idea de entrar en una habitación llena de desconocidos me mantiene despierta toda la noche. De todos modos, sabía que papá estaba de mi parte en lo de no ir a hacer de animadora. Viajaba tanto que quería tener a sus hijos cerca siempre que estaba en casa. Pero mamá se mantuvo en sus trece y fui. Y, como las mamás tienen razón la mayoría de las veces, me encantó al instante.*

Hacer de animadora me ocupaba mucho tiempo. Mucho. Todos los días estaba en el gimnasio. Hacíamos ejercicio. Dábamos volteretas. Ensayábamos

¡Es broma, chicos!

Tal vez_mamá tenía razón en eso de que la granja te vuelve tímida.

* ¡No le digáis a mamá que he dicho eso!

31

números de dos minutos y medio una y otra vez, y
otra vez, y otra vez. Me hice muy amiga de Lesley
y de las demás niñas del equipo, y mamá se hizo amiga de sus mamás. Viajábamos juntas a las competiciones, nos hospedábamos en moteles, nadábamos, hacíamos el idiota, nos peinábamos y maquillábamos
con nuestras madres, y participábamos en competiciones de animadoras muy intensas e increíblemente
reñidas. Vivía obsesionada con eso.

♡ animadoras para siempre.

A veces incluso *demasiado*. Una vez me puse muy
enferma justo antes de una competición en Gatlinburg, Tennessee. No podía parar de vomitar. ¿Conocéis esa sensación del estómago en que incluso un
trago de agua os provoca náuseas? Sí, lo pasé fatal.
Pero, ¿cuánto podía durar? Estaba segura de que me-
joraría a tiempo para la competición. Así que hice
que mamá me llevara y me pasé las cuatro horas y
media de viaje en coche tumbada en el asiento de atrás
con un cubo a mi lado, durmiendo, vomitando y durmiendo un poco más. Llegamos al hotel de Gatlinburg y no me encontraba mejor, pero seguía querien-
do competir. Mi entrenadora dijo que ni hablar del
peluquín. Trató de detenerme, pero yo insistí. Sabía
que podía hacerlo si me esforzaba.

Media hora antes de la actuación, salté de la cama,

me duché y mamá me llevó al encuentro. Salí al escenario, realicé mi número, salí del escenario y vomité en un cubo de basura. Pero lo hice. Y eso era lo que me importaba.

Cuando subíamos al coche después de cada competición, aunque no hubiéramos ganado, mamá me decía «¡Aquí tienes tu trofeo!», y me daba un trofeo resplandeciente con mi nombre. A medida que iba creciendo, mi habitación se fue llenando de trofeos. Todos de mamá, la mayor y mejor fan que puede tener una niña.* Tal vez no me merecí todos y cada uno de los trofeos, pero el trofeo de Gatlinburg sí que *sé* que me lo gané.

* ¡Yo ♡ mamá!

Una larga parada
en boxes

Hacer de animadora era mi refugio, el lugar donde sabía que tenía amigas en las que podía confiar, que irían conmigo hasta el fin del mundo. O al menos que me sujetarían si me caía, cosa que de todos modos era un poco más probable que tener que ir al fin del mundo. Pero en el colegio no tenía esa red de apoyo. Y las cosas iban de mal en peor.

Todavía no tengo ni idea de cómo consiguió el Club Anti Miley la llave del baño del conserje, pero un día que iba de camino a la clase de ciencias me metieron a empujones en el baño y cerraron con llave. Estaba atrapada. Aporreé la puerta hasta que me dolieron los puños. No vino nadie. Traté de abrir la ventana, pero estaba atascada.* Entonces se me ocurrió que ya estaba todo el mundo en clase. No vendría nadie al baño, al menos durante cuarenta minutos.

* Nota para mí misma: en caso de incendio, no trates nunca de escapar por la ventana del baño.

34

¡Qué asco!

Me senté en el suelo a esperar. **Me pasé allí dentro lo que pareció ser una hora, esperando a que alguien me rescatara, preguntándome cómo se me había complicado tanto la vida.**

¿Dónde había un móvil cuando lo necesitaba?

Observé las puertas de los reservados, la hilera de espejos, las ventanas inflexibles, y pensé en mis dos peces, nadando en círculos en su pecera. ¿Cómo había llegado hasta aquí? ¿Lo había pedido? ¿Me lo merecía? ¿Terminaría algún día? Me sabía las capitales de los cincuenta estados de Estados Unidos. Podía hacer un *flic flac* en la acera. Pero no tenía ni idea de por qué me estaba pasando todo eso. Me encontraba sin amigas, sola y triste. ¡El único punto positivo era que, si tenía que ir al baño, estaba en el lugar adecuado!

La llamada de Disney

Fue como si alguien quisiera compensarme por lo que me pasaba en el colegio. Poco después del incidente en el baño, tuve otra llamada sorpresa —esta vez era Disney diciéndome que querían que fuera a Los Ángeles para hacer un casting para *Hannah Montana*. ¡Era a mitad del curso escolar! ¡Bingo! Podría faltar al cole, o lo que es lo mismo, a la asignatura de Tortura Aplicada. Pero entonces me acordé de que también tenía compromisos importantes con el equipo de animadoras.

Perderse un solo ensayo ya suponía un gran problema. Las coreografías dependen de que se presente todo el mundo. A fin de cuentas, no se puede hacer una pirámide sin la niña de arriba. ¡Aunque, de hecho, es peor tratar de hacer una pirámide sin una de las niñas de abajo!

No sé cómo, mamá logró excusarme de los ensa-

¡No lo intentéis en casa!

36

yos. Volé a Los Ángeles, repasé ávidamente los guiones con mamá, corrimos para llegar a tiempo al casting, apenas podía contener la emoción, abrí la puerta de la sala de espera y... había otras cincuenta aspirantes a Hannah esperando su turno. Mamá y yo nos miramos la una a la otra. Pensábamos que yo era una finalista. Supongo que estábamos equivocadas. Bromeamos diciendo que había suficientes Hannahs como para ponerle a cada una el nombre de uno de los cincuenta estados de Estados Unidos, no sólo

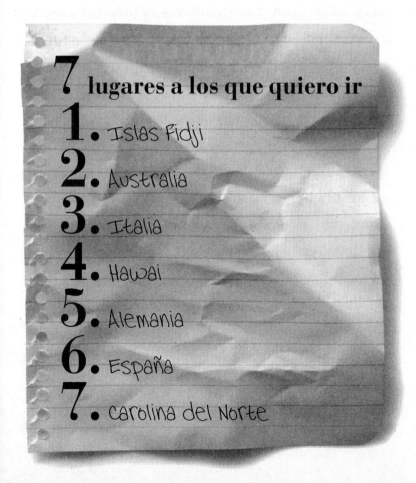

7 lugares a los que quiero ir

1. Islas Fidji

2. Australia

3. Italia

4. Hawai

5. Alemania

6. España

7. Carolina del Norte

Montana (Hannah Indiana, Hannah Connecticut, Hannah Idaho...). Ya lo sé, ya lo sé (pero tuvimos que matar *mucho* tiempo en aquella sala de espera).

La sala de espera para los castings de *Hannah Montana* era como la sala de espera de un médico. Había revistas viejas, olores extraños, y muchísima tensión (como si nos fueran a examinar a todas.) Algunas de las madres que esperaban con sus hijas llevaban demasiado perfume, lo que al instante me produjo dolor de cabeza. El único alivio era que al menos no nos pondrían ninguna vacuna. Aunque estaba bastante convencida de que, si no me daban el papel, dolería como mínimo igual y que el dolor duraría más.

Mientras esperábamos, y esperábamos, y esperábamos un rato más, pude ver que algunas de las chicas y sus madres nos evaluaban. Mamá, gracias a Dios, nunca ha sido de «esas» madres, y no hacía caso de las miradas, pero yo no podía. Se palpaba la tensión en aquella sala. No podías evitar pensar en quién era la más guapa o la mejor preparada o la que tenía más talento. Mientras estaba ahí, iba mirando a hurtadillas a las demás chicas. No reconocí a ninguna de ellas (tampoco es que lo esperara.) Yo ya había ido a algún casting, aunque no se puede decir exactamente que me conocieran en toda la ciudad.

La mayoría de las chicas eran mayores que yo y mucho más altas. Muchas eran guapas. Algunas tenían el pelo negro y brillante. Otras tenían una larga melena rubia. Algunas tenían los dientes blancos y resplandecientes. Me fijaba en cómo iban vestidas, cómo se habían maquillado y qué peinados llevaban. Sólo por el aspecto, estaba casi segura de que la mayoría de aquellas chicas podría llevarse el papel sin despeinarse. Y podía imaginar el tipo de experiencias que habían tenido. Me encontraba fuera de lugar. Los castings habían sido hasta ese momento la experiencia que más me angustiaba y me destrozaba los nervios. Cada casting era como pasar un examen. A mí me gustaba actuar, así que siempre estaba emocionada, pero también deseaba siempre obtener el papel, por lo que la angustia era enorme. Aunque ese día en concreto se despertó la animadora que llevo dentro.

Mi entrenadora de animadoras, Chastity, era muy exigente. En Nashville, alguna gente me trataba diferente por ser la hija del cantante Billy Ray Cyrus. Eran permisivos conmigo porque mi padre era *alguien*. Chastity no. Si hacía algo mal, me hacía dar vueltas corriendo al gimnasio como a todas las demás. Si convenía, era incluso más dura conmigo. A mí me daba miedo volar (ser la persona que queda arriba en los ejercicios acrobáticos, flotando en el aire), pero ella me hizo entrenar mano a mano con la preparadora de acrobacias. Yo no era la mejor dando volteretas, pero me hizo entrenar hasta que dominé el *flic flac*. Me di unos cuantos coscorrones hasta que me pareció que llevaba horas rodando en círculos.

A Chastity no le importaba cuánto tiempo tardase. Estaba orgullosa siempre que yo no me rindiera. Solía decir: «En mi diccionario no existe la frase "No puedo".» Chastity me enseñó que, si quería algo, tenía que esforzarme mucho para conseguirlo. Yo quería ese papel con toda mi alma. ¿Quién podía decir que esas niñas refinadas de Los Ángeles eran mejores que yo? Cuando por fin dijeron mi nombre, estaba a punto.

En la sala de audiciones, tenía ante mí a un jurado de diez personas. Me quedé de pie, vestida con mi minifalda y la camiseta Abercrombie por fuera. Quería que se acordaran de mí, así que procuré ser sociable. Tampoco me costó demasiado trabajo. Por una vez en la vida, no estuvo mal ser tan charlatana. Simplemente quería asegurarme de ser yo misma y no dejarme llevar por los nervios. La gente del casting me pidió que leyera el fragmento de un guión y luego que cantara. Canté un trozo de *Mamma Mia*. Como en la mayoría de los castings, me hicieron comentarios del tipo «¿Puedes probarlo con un poco más de alegría?» o «Vuelve a leerlo como si estuvieras realmente enfadada con tu hermano». (Es curioso, estaba muy nerviosa y entonces no tenía ni idea de quiénes eran aquellas personas del jurado. Sólo eran desconocidos que me intimidaban. Ahora son la gente con la que trabajo codo con codo cada día.)

Cuando salí de la sala no tenía ni idea de cómo me había ido. Y no podía relajarme a pesar de que ya había terminado. Por así decirlo. La parte estresante de todo el rollo del casting es que no te puedes ir a casa hasta que ellos te dicen que ya has acabado. Tienes que estar en la sala de espera, viendo cómo vuelven a hacer entrar a algunas de las otras chicas, preguntándote si también te harán volver a entrar a ti para leer algo diferente o cantar de nuevo. Y nunca sabes por qué te vuelven a llamar para que entres. O no te vuelven a llamar, pero igualmente te piden que no te vayas. ¿Les has gustado? ¿Les has encantado? ¿Has caído mal a alguien? ¿Les preocupan tus cabellos? ¿Tu estatura? Jamás te dan la más mínima brizna de esperanza.

Lo hice lo mejor que pude, pero acabamos volviéndonos a nuestra casa de Nashville sin buenas noticias. Y entonces, un par de semanas más tarde, recibí otra llamada. «¡Eres finalista!» Muy bien, esta vez iba en serio. Tal vez por fin tendría mi billete para escapar de sexto curso. Nuevamente supliqué que me perdonaran los entrenamientos de animadora. Dos faltas. A la tercera, Chastity me expulsaría del equipo. Volé hacia Los Ángeles, repasé ávidamente los guiones con mamá, corrimos para llegar a tiempo al casting, apenas podía contener la emoción, abrí la puerta a la sala de espera y... había otras treinta aspirantes a Hannah esperando su turno. ¿Os suena de algo?

Empezaba a sentirme como una de esas pelotas que quedan sujetas a la pala con una goma elástica. Cada vez que me daban un palazo, volvían a tirar de mí para poder volver a darme otro palazo. Bueno, era un poco más suave que eso. Pero yo tenía once años. Era como una montaña rusa.* En las caras de aquellas treinta chicas vi la cruda realidad. Apenas había progresado nada. Sin duda iba a tener que volver a sexto.

* ¿Parece más simpática esta metáfora?

Crea tus propios sueños

No podía evitar el colegio, pero *podía* concentrarme en otras cosas. Nos esperaba una enorme competición de animadoras, así que me dediqué en cuerpo y alma a los entrenamientos y traté de olvidarme de las abusonas y de los castings. Mi vida era una basura de ocho de la mañana a tres de la tarde. Luego, me iba al gimnasio y me lo quitaba todo de la cabeza.

Y entonces, cuando había abandonado ya toda esperanza, recibimos otra llamada de Margot, la cazatalentos. Disney quería verme *otra vez*. ¿Qué estaban haciendo? ¿Eliminar a una chica cada vez, al estilo de concursos como Operación Triunfo? Esta vez no hubo gritos ni se trastornó la pacífica vida de los animales de la granja. En vez de sentirme emocionada, simplemente me sentía cansada de todo ese rollo. Le dije a mamá que no quería volver a Los Ángeles. Imaginaba que volvería a ser todo igual y estaba total-

43

mente concentrada con las animadoras. Mi equipo me quería. Mi equipo me *necesitaba*. Mi equipo no me hacía volar a la otra punta del país una y otra vez sólo para enviarme a casa con nada. Mamá también estaba harta. Decía que la estresaba. Pero entonces Margot nos dijo que Judy Taylor, la directora de casting, había dicho: «No puedes dejarlo pasar. Lo de Miley va realmente en serio. Han visto a muchísimas chicas y siguen volviendo a ella.»

Perderme la competición significaba abandonar el equipo. **Tenía que elegir entre hacer de animadora y hacer el casting.** Era la decisión más difícil que había tenido que tomar en mi vida. Mamá dijo que la decisión era mía, pero quería que tuviera perspectiva, que tomara una decisión tras haber reflexionado. Dijo: «Cariño, ¿estás *segura*? Creo que eres fabulosa, pero las posibilidades de que te den ese papel son pocas, por no decir ninguna. No tienes experiencia. Ya sabemos que creen que eres demasiado baja y demasiado joven. Tienes el resto de tu vida para hacer esto. Si vas, podrías acabar sacrificando lo de las animadoras por nada.»

El consejo de papá fue más sencillo: «Tienes que ir. Ese papel está pensado para ti.» (Realmente papá tiene mucha fe en su propia intuición.) Me dijeron que me tomara mi tiempo y me lo pensara muy en serio.

Así que pensé largo y tendido. Hacer de animadora no era sólo mi pasión. Había sido mi salvación aquel año. Era el único modo de sobrevivir a sexto. Si lo dejaba y al final no conseguía el papel, cosa que todos sabíamos que era la secuencia de acontecimientos más

7 cosas que me ayudan a dormirme

1. un CD de A Fine Frenzy
2. leer la biografía de Einstein
3. contar
4. pensar en mi familia
5. responder a correos electrónicos
6. reuniones de negocios
7. acurrucarme junto a mi perrita, Sofie

probable, me quedaría con nada. Pero tampoco tenía planeado hacer de animadora el resto de mi vida. Aquélla era mi oportunidad. Y estaba muy asustada.

Siempre he creído que las mejores oportunidades en la vida vienen acompañadas de miedo y riesgo. Me di cuenta de que arriesgarse era como flotar en una acrobacia de animadoras y tener fe en que alguien me cogería. Tal vez lo de hacer de animadora me había servido para afrontar aquel momento. **Sabía que era demasiado arriesgado, pero el de Hannah Montana era el papel de mis sueños, y estaba más cerca que nunca de conseguirlo. Ahora ya no podía abandonar.** Tocaba volver a Los Ángeles.

Los sueños que guardas para el futuro son aquello en lo que sueñas por la noche. Siempre están en un rincón de tu cabeza. Son lo que desea tu corazón. Te mantienen en marcha. Acepta la realidad y ten un plan de reserva, pero guíate siempre por tus sueños, cueste lo que cueste.

✳ ✳ ✳

Esta vez sólo había *dos* chicas más en la sala de espera. Una de ellas era Taylor Momsen, que había salido en *Spy Kids 2* y ahora protagoniza *Gossip Girl*. Era hermosa, con el pelo largo y rubio. La otra tenía dieciséis años. Yo era como un palmo más bajita que ambas. Cuando me llamaron a la sala de casting, leí diferentes escenas para los ejecutivos una y otra vez. Les canté canciones. Les hablé para que pudieran «conocerme». Les leí más escenas. Les canté más canciones. Les canté escenas. Les leí canciones. Habría sido capaz de empapelar la pared vistiendo un tutú si con eso hubiera podido demostrar que estaba hecha para interpretar a Hannah.

Fue un día muy largo, y *finalmente* se acabó. Mamá, mi abuela materna y yo nos alojábamos en el parque temático de los estudios Universal para poder tener algo divertido que hacer si el viaje resultaba un fracaso. Una vez hechos los castings, fuimos a cenar a un restaurante llamado Daily Grill. No habían pasado ni cinco segundos desde que nos sentamos con las bebidas cuando se me cayó todo el refresco de cola de mi abuela sobre la falda blanca.

Mientras tiraba de las servilletas de papel del servilletero tan rápido como podía, llamó Margot. Mamá y ella hablaron un poco, entonces mamá colgó y se giró hacia mí. «Quieren que volvamos al estudio *ahora mismo*», me dijo. «Quieren probarte con otra chica que tienen para Lilly. Margot ha dicho que esta vez no habrá cola.» Yo miré mi falda empapada y dije: «La cola ya la tengo en la falda.» ¡No podía ir de aquella manera! ¡Pero nos enviaban un coche a recogernos! Volvimos corriendo al hotel para que yo pudiera cambiarme antes de que llegara el coche.

El corazón me latía aceleradamente y tenía las palmas de las manos sudadas.* Ensayé con la actriz Lilly, una chica simpática con el pelo negro como el carbón. Ella y yo susurramos emocionadas. ¡Éramos las elegidas! ¿O no? Parecía todo tan prometedor... Al final creía que me dirían que el papel era mío. Pero en vez de eso, simplemente me dieron las gracias y me enviaron de regreso a Nashville.

Al principio hice que mamá llamara a la agente todos los días para ver si había alguna novedad, pero nunca había ninguna novedad. Pasaron las semanas. Al final, dejamos de llamar.

* Lo sé. Muy profesional.

El comedor escolar

Nunca le dije a nadie del colegio que estaba yendo a castings a Los Ángeles, pero parecía que mis torturadoras tuvieran un sexto sentido y supieran que estaba yendo a algún lado. Cuando volví de Los Ángeles por segunda vez, las chicas llevaron el *bullying* más allá de lo normal.* Eran chicas grandotas y fuertes. Yo era escuálida y bajita. Eran plenamente capaces de hacerme daño corporal. Por si no daban ya suficiente miedo, me enviaron una nota advirtiéndome que me atuviera a las consecuencias si aparecía por el comedor escolar a la hora de comer del día siguiente. No voy a dar ideas a los abusones que pueda haber por ahí contando exactamente en qué consistían esas amenazas. Digamos sólo que no era agradable. Y sé que suena un poco tonto y tópico tener miedo de una notita. Pero tenéis que creerme, esas chicas no se andaban con tonterías.

* ¿Puede ser normal el bullying?

Todo ese tiempo había tratado de apañármelas con las abusonas yo sola. No quería demostrar miedo, ni a esas chicas ni a mis amigos ni a mis padres. No lloré nunca.* No conté nada a mis padres. Intenté todo lo que se me ocurrió. Algunas veces trataba de defenderme. Algunas veces pedía disculpas. Algunas veces simplemente me largaba. Siempre me sentía sola. Pero la noche que recibí la amenaza del comedor escolar pareció que la Operación Amargarle la Vida a Miley alcanzaba un nuevo nivel. Era más como Operación Liquidar a Miley. Tenía tanto miedo que se lo conté a una amiga del equipo de animadoras por teléfono. ¿Tenía que fingir que tenía la gripe? ¿Me quedaba sin comer? ¿Me armaba con un bote de ketchup y me preparaba para el combate?

En cuanto colgué el teléfono, papá entró en mi habitación. Se sentó a los pies de mi cama y me dijo que había oído mi conversación. Puse los ojos en blanco. Papá quería saber qué estaba pasando. Le enseñé la nota y le dije que estaba asustada y que no me la podía quitar de la cabeza. Aun así, le supliqué que no hiciera nada. Sabía que si se lo contaba a mamá, ella llamaría a la directora. Mamá es así. Si mamá llamaba a la directora, se había acabado. Me machacarían. Papá escuchó y dijo que lo entendía. Pero luego

En público, al menos.

Supongo que se me estaban pegando algunas cosas de las niñas malas.

50

añadió: «Pero ya sabes que tengo que contárselo a mamá.»

Seguí a papá directamente hasta mamá y le dije: «Mamá, no volveré a hablar jamás contigo si dices algo.» Pero pude ver en sus caras que, en cuanto me acostase, tendrían una conversación.

Fui a comer al día siguiente sin saber cómo había terminado la conversación. ¿Qué otra cosa podía hacer? Si me escondía de las niñas malas aquel día, vendrían a por mí al día siguiente. **La situación era como la de un programa especial de después de clase sobre la niña pequeñaja que recibe una paliza. Pero en vez de tener un final feliz con un mensaje para levantar el ánimo sobre cómo superar la adversidad, este guión terminaría conmigo viviendo el resto de mis días como una ermitaña de doce años, sin amigas y sola.** En cuanto me senté en la mesa vacía del rincón para los perdedores, tres chicas se acercaron pavoneándose y se quedaron de pie, intimidándome. Se me revolvió el estómago. Me agarré con fuerza al bocadillo de queso a la parrilla como si fuera la mano de mi mejor amiga. Y en aquella época casi *era* mi mejor amiga. Estaba acabada.

Ya sabéis, como «¡Levántate y pelea!» ¡Aaagh!

* ¿¡¿Había entrado en una dimensión paralela?!?

* Como en "Tenéis un problema gordo".

* Pero que quede entre nosotros.

Empezaron a insultarme y a decirme que me levantara. Yo me quedé ahí sentada, petrificada. No sabía qué hacer. Levanté la vista y vi a la madre de una de las chicas sentada en una mesa cercana. ¡Una madre! Y se estaba riendo.* Finalmente, no pude aguantarlo más. No era una gallina. ¿Qué podían hacerme? Estaba rodeada de gente. Me levanté, con mi estatura un palmo más baja que ellas, y dije: «¿Qué os pasa? ¿Se puede saber qué os he hecho?»

Antes de que pudiera decir o hacer nada, entró la directora y las interrumpió diciendo: «¡Chicas!» Fue esa única palabra de la directora y todos los chicos del comedor hicieron «Ooohh».* ¡No veáis qué vergüenza... y qué alivio!

Resulta que después de la conversación, mamá llamó directamente a la directora. De entrada, mamá pensó que no sería nada del otro mundo, que las chicas siempre serán chicas o algo así, pero papá le dijo: «Nunca se sabe. En los colegios siempre pasan cosas.» Por supuesto, eso puso muy nerviosa a mamá. Y cuando llegó la hora de la verdad, me sentí bastante aliviada de que mamá hubiera intervenido.* Sinceramente, no sé qué me habrían hecho aquellas chicas, incluso con una de sus madres mirando cómo iba todo. La directora nos llevó a su despacho y nos obligó a «hacer las paces». Como si hubiera sido una discusión a dos bandas sobre quién le ha quitado el lápiz a quién, cuando todas sabíamos perfectamente que era un caso claro de tortura a una inocente.

Sólo tres chicas se habían metido conmigo aquel día en el comedor escolar, pero tenía la sensación de que los demás chicos se lo pasaban en grande con el espectáculo. Siempre me habían chinchado un poco por tener un padre famoso. Mis compañeras de clase solían decir: «Tu padre hizo la canción del verano. Tú nunca llegarás a nada parecido a él.» Yo no les hacía ni caso. Pensaba en papá como en un hombre de éxito y feliz con su vida. Tal vez creían que yo era una estirada por sentirme orgullosa de papá (bueno, es el hombre más maravilloso que jamás haya existido), o por querer ser yo misma, o por querer ser actriz y cantante. Tal vez sólo es que intuían mi inseguridad. Tal vez era por eso que me señalaban. Fuera cual fuese la razón, a día de hoy todavía no lo sé. Y probablemente nunca lo sabré, y ahora mismo me da igual.

Tampoco culpo a mi ex amiga Rachel* por traicionarme. Nunca fue abiertamente mala conmigo. Francamente, creo que la amenazaron para que pasara de mí y no me hiciera caso. Me gusta creer que yo no habría dejado tirada a una amiga como hizo ella,

* Repito que el nombre está cambiado.

53

aunque tengo la sensación de que ella tenía tanto miedo de nuestras nuevas amigas como yo misma. La diferencia es que ella tenía miedo desde *dentro* del grupo y yo tenía miedo desde *fuera*.

Siempre hallo consuelo, guía y respuestas en mi fe. Entonces recurrí a la Biblia, como hago a menudo ahora, y encontré este salmo.

Salmo 25: 1-2, 5-6

A TI, SEÑOR, DIRIJO MI ANHELO,
A TI, DIOS MÍO, EN TI CONFÍO;
¡QUE NO QUEDE DEFRAUDADO
NI SE BURLEN DE MÍ MIS ENEMIGOS!

GUÍAME FIELMENTE, ENSÉÑAME,
PORQUE TÚ ERES EL DIOS QUE ME SALVA,
EN TI ESPERO TODO EL DÍA POR TU
 BONDAD, SEÑOR.
ACUÉRDATE, SEÑOR, DE TU TERNURA
 Y DE TU AMOR, QUE SON ETERNOS.

Tras la charla con la directora, la mayor amenaza había acabado, pero seguía estando sola. Y tras demasiadas faltas de asistencia por culpa de los castings, ni

siquiera me quedaba ya el consuelo de hacer de animadora. Simplemente iba tirando. Empecé a ir con
algunos chicos mayores e intenté quitármelo de la cabeza, pero las chicas abusonas continuaban hacién-
domelas pasar canutas cada día. Odiaba el cole. Nunca me giraba de espaldas para abrir mi taquilla sin
antes cerciorarme de quién más estaba en el pasillo.
Nunca me quedaba un rato entre clases o después de
clase. Cada vez que iba al baño o doblaba una esquina, tenía los nervios de punta. No me sentía segura.

El fondo del océano

¿Os acordáis de *Letra* y *Melodía*? ¿Atrapados en su pecera? Pues uno de los dos peces murió. Estoy casi segura de que era *Melodía*. Me puse muy triste. Ya lo sé: es raro afligirse tanto por algo que no puedes ni acariciar, pero me gustaban aquellos peces. Entonces mamá me compró otro pez. Debería haberlo llamado *Disonancia*. Casi enseguida se comió a *Letra*.* Después de aquello, dejaron de gustarme los peces. Ya había tenido bastante con tíos fuertes que se meten con los débiles. **Mis pececitos perfectos habían desaparecido, pero me habían enseñado una lección duradera. Desde entonces, siempre que quiero escribir una canción, me digo a mí misma:** *Piensa fuera de la pecera.* Es un recordatorio para exigirme, para no quedarme atascada, para no ver el mundo exterior a través de una jaula de cristal.

* ¡un duro golpe!

56

Bottom of the Ocean [*El fondo del océano*] empezó como una canción sobre *Letra* y *Melodía*. Pero una vez que empecé a escribirla, era sobre muchísimo más que mis estúpidos pececitos.* Era sobre los sueños de cualquiera, los novios, la pérdida de un padre, una relación violenta. Es decir, que si hay alguien a quien has querido pero por algún motivo ya no le quieres, tienes que coger tus sentimientos, sacarlos fuera y tirarlos al fondo del océano. Esconderlos allí, con cuidado y respeto, en el único lugar donde nadie podrá encontrarlos. *Bottom of the Ocean* es una canción de adiós, una canción de amor. Nunca pensarías que hablo sobre peces. Bueno, excepto por la parte del «océano».

Mis amigas se convirtieron en mis enemigas, incluso mi mejor amiga. No tenía ni idea de por qué era yo a quien odiaban ni de qué podía hacer para cambiar aquella situación. No encajaba en ninguna parte. ¿Adónde va todo? ¿Todo el respeto, toda la amistad, todo el amor? Me sentía impotente, perdida, como si flotara, y no había un final a la vista. De manera que hice lo que explico en *Bottom of the Ocean*. Puse todas las pérdidas y el dolor y el miedo en algún lugar donde nadie volviera a encontrarlos, en el fondo de mi propio océano personal.

Y entonces recibí la llamada definitiva sobre *Hannah Montana*.

¡Paz idiotas!

La llamada

CRISTAL ROTO

¿Has sentido alguna vez que tenías que
   empezar de nuevo,
ser una persona distinta y liberarte?
¿Te has sentido alguna vez
como si mirases a través de un cristal roto
con un futuro roto y un pasado hecho añicos?
No dejes que los "y si" ni los "debería haber
   sido" te retengan.
Es tu momento y son tus sueños.
Sé un sol que brilla
no una nube gris y apagada.
Tú puedes cambiar el mundo
y traer la luz.

No es que quiera sonar como Susie Sunshine, sino que simplemente quiero demostrar que, cuando estás listo para seguir adelante o llegas a hacer las paces con el dolor, encuentras un rayo de esperanza. El mío llegó en forma de una llamada telefónica.

Estaba al móvil hablando con Patrick, uno de mis amigos de siempre. Él y yo acabábamos de descubrir los iTunes, y me estaba descargando una canción de su ordenador. De hecho, era *I Can't Take It*, de Tegan y Sara. No lo olvidaré nunca. Mamá estaba cerca, en la cocina, y respondió al teléfono fijo cuando sonó. Gritó tan fuerte que pensé que se había muerto alguien. Luego, unos segundos después, empezó a gritar: «¡Te lo han dado! ¡Te lo han dado!»

«Lo» era el papel de Hannah. Es una sensación extraña y maravillosa conseguir exactamente lo que quieres. No pasa muy a menudo, de modo que, cuando pasa, tu cerebro se queda como «eh, un momento, ¿dónde está el truco?». Es tentador quedarse pensando en cuál puede ser el lado negativo o en cuántas cosas te tocará hacer de repente. Pero viendo a mamá tan feliz y saltando —sí, mamá estaba saltando— finalmente tuve que aceptar que era una buena noticia. Le dije a mi cerebro que se calmara. ¡Era fabuloso! ¡Me habían dado un papel! ¡Y un personaje que me encantaba! Podría cantar *y* actuar. Era demasiado perfecto. Cuando asimilé la realidad, también yo empecé a gritar y a saltar. El pobre Patrick se quedó colgado al otro lado del teléfono. Debió de pensar que un tornado estaba destruyendo nuestra casa.

Toda aquella mañana (mamá respondiendo al teléfono y gritando que me habían dado el papel) fue como si yo hubiera comprado un billete de lotería y me hubiera tocado, así de sencillo. Aunque ahora ya sabéis que fue más como una lotería a cámara lenta, durante la cual hubo muchas oportunidades para el sufrimiento, el dolor, y un viaje demasiado largo al baño. Jamás olvidaré cómo me sentía al ser aquella niña. Ya sabéis cuál. ¿La niña sin amigas que se sienta sola en el comedor cada día y que simplemente trata de sobrevivir, pero las demás niñas se apartan de su camino para fastidiarla de todos modos, y la mitad de ti se siente mal por no hacer nada por pararlo, pero la otra mitad de ti se siente simplemente aliviada, muy aliviada, de que no seas tú la que está ahí sentada? Ésa era yo. Y era horroroso.

Conseguir el papel lo cambió todo, de forma súbita e irreversible. Avanzaba y dejaba atrás el pasado, aunque no quise olvidar la lucha. Y tenía motivos para ello. Me traje a aquella niña conmigo, y me ayuda a ser compasiva. A no ser rencorosa. A ser amable. A estar allí para los demás cuando sé que me necesitan. A papá le gusta recordarme la tercera ley de movimiento de Newton (que por cada acción hay una reacción igual y de sentido contrario). Por todo lo que había luchado durante aquel año, por todas las horas que me había sentado sola en el comedor o me había encerrado en mi habitación, escribiendo canciones, había un equilibrio. Un equilibrio en mi vida, del mismo modo que hay un equilibrio en el mundo.

> *Por cada acción hay una reacción igual y de sentido contrario. Nunca sabes cómo se verá en el otro lado, pero acabarás viéndolo si mantienes los ojos bien abiertos.*

Es algo que creo firmemente.

Aquí estaba: una sola llamada telefónica que compensaba con creces mi infierno del sexto curso. Los saltos. Los gritos. La locura. (Papá dijo simplemente: «¿Lo ves? Ya te lo dije. Está hecho para ti.») Había volado a Los Ángeles para castings y/o entrevistarme con ejecutivos de la Disney al menos cuatro veces. Había sido demasiado bajita para el papel. Había sido demasiado joven para el papel. Querían a alguien más alto. O a alguien mayor. O a alguien con mejor voz para cantar. O a alguien con más tablas actuando. O a alguien con todo lo anterior. Se habían esforzado mucho por encontrar a alguien que no fuera yo para el papel. Yo había estado trabajando y esperando para Hannah y defendiéndome contra una manada de (bueno, tres) adolescentes abusonas todo aquel penoso año de sexto. Tenía once años cuando hice el primer casting. Ahora, un año después, ya tenía los doce.* Ahora, sorprendentemente, increíblemente, el papel era mío.

Aún no muy mayor, pero...

Éste había sido mi sueño desde que soy capaz de recordar. Pero aunque parezca raro, ahora que estaba sucediendo realmente, mi excitación no era tanto por lo que había logrado y por adónde me iba. Era por escapar. No pensaba: «¡Genial! ¡Tengo un papel en una serie de la Disney! ¡Finalmente he conseguido algo! ¡Seré una gran estrella!» Hannah Montana debería haber sido algo que estaba persiguiendo, pero en vez de eso era una excusa para huir del que había sido el peor año de mi vida. Estaba decidida a marcharme de Nashville antes de empezar el instituto. De modo que, cuando recibí aquella llamada, me sentí como si Dios me salvara de una situación insostenible. Mi primer pensamiento (después de todos los gritos y la locura, por supuesto) fue «¡Me largo de aquí!».

Chloe Stewart

¿Os podéis imaginar lo que significa que tus compañeras de clase te hagan la vida imposible, no tener siquiera una amiga, y luego mudarse a Hollywood para hacer castings con multitud de chicas ansiosas por interpretar a tu mejor amiga en una serie de la tele? A la aspirante al papel de Lilly con la que había coincidido en la prueba unos meses antes (¿aquélla del pelo tan oscuro del día en que, antes de conocerla, tuve que cambiarme la falda manchada de cola?) no volví a verla jamás.

Mientras las nuevas Lillys en potencia hacían la prueba, mamá hizo amistad con alguna gente del casting. Ellos bromeaban diciendo que papá está buenísimo. Y mamá dijo en broma que deberían traerle para hacer el papel de mi papá en la serie. Y entonces (según cuenta mamá) todo el mundo se quedó como diciendo: «Un momento, ¿en serio?»

Sí, una pasada.

Mamá me hizo sentar en la mesa de la cocina para hablar de eso. Me encantaba la idea de tener a papá cerca, pero me preocupaba la idea de que, si le daban el papel, la gente creyera que lo habían elegido a él primero y que a mí me habían contratado por él.* A papá también le preocupaba lo mismo. Dijo: «Este papel está hecho para ti. ¿Y si meto la pata?»

Pero todos teníamos muchas ganas de encontrar la manera de que nuestra familia pudiera permanecer junta. Papá había pasado mucho tiempo en Canadá. Siempre estaba viajando de aquí para allá. Si el episodio piloto era un éxito y decidían convertirlo en una serie, entonces yo tendría que mudarme a Los Ángeles. ¿Se desarraigaría entonces la familia? ¿Cómo iba a funcionar? Fue entonces cuando mamá dijo: «Bueno, hemos hablado mucho de cómo el personaje de Hannah Montana está hecho a tu medida. ¿Y si el padre de Hannah Montana estuviera hecho a la medida de Billy Ray?» Decidimos dejarlo en manos del destino.

Ya habían reducido la lista de potenciales papás para mí —o mejor dicho para Hannah Montana— a dos. Ahora añadieron a papá a la lista. Papá llegó, echó un vistazo a los otros dos actores, señaló al más apuesto y dijo a los productores: «Contraten a ese

* ¡Después de tanto esfuerzo!

65

tío. Quiero que el programa de mi hija sea un éxito.» Pero luego le llamaron para que leyera unas líneas conmigo.

Estar sentada en la mesa de conferencias con papá fue completamente surrealista. ¡Quiero decir que es mi padre! Estuvimos bromeando y riendo juntos. Hicimos nuestro saludo secreto, que es bastante complicado y tonto. Cantamos juntos (creo que fue la canción de papá *I Want My Mullet Back* [*Devuélveme la coleta*].) Mamá estaba fuera en la sala de espera con los otros dos papás. Cuenta que se me podía oír diciendo: «¡Papá, te estás saliendo del guión!», y todo el mundo se desternillaba de risa. Pero parece ser que fue durante *I Want My Mullet Back* cuando los otros dos posibles papás se miraron el uno al otro y dijeron: «Estamos perdidos.»

Y tenían razón. Le dieron el papel a papá. Habíamos estado rezando para encontrar la manera de mantener a la familia unida, y aquí teníamos una solución totalmente inesperada y loca. Ya nos apañaríamos con los rumores sobre a quién le habían dado el papel antes. ¡Por ahora, estábamos entusiasmados de poder estar en el mismo país!

Que cogieran a papá fue genial. Pero el resto de los personajes también estaban decididos y ahora tenía a otros compañeros de reparto. Chloe Stewart (el álter ego de Hannah) tenía un hermano, Jackson (Jason Earles). Y tenía dos amigos íntimos, Lilly (Emily Osment) y Oliver (Mitchel Musso). Y si tengo que ser totalmente sincera, al principio me sentía intimidada con ellos. Emily había salido en montones de anuncios, programas de televisión y en la película *Spy Kids*. Mitchel había aparecido en un par de programas y películas de televisión, incluida *Life is Ruff*, que era de Disney, y sabía lo que hacía. Yo había hecho, hummm, unos pocos episodios de la serie de mi padre, *Doc*, que era un drama, y un par de líneas en una película. Una vez, en Alabama. Nunca había hecho comedia. **Así que allí estaba yo, tratando de ser graciosa y de actuar y cantar y bailar y parecer guay, y de que quedara claro que no tenía el papel por papá, y tratando de hacer amistad con los coprotagonistas, mientras llevaba la peluca rubia barata de Hannah la mitad del tiempo.** ¿Y sabéis qué? Enseguida me pareció todo más fácil y mucho más natural que estar sentada en el comedor escolar de sexto curso.

Ah, y acerca de Chloe Stewart. Os suena el nombre, ¿verdad? Hay una razón. Veréis, mi auténtico nombre es Destiny Hope Cyrus.* Todo el mundo me llamaba Miley. El nombre de mi personaje era Chloe Stewart. El nombre de su álter ego era Hannah Montana. Eran demasiados nombres. Así que descartaron el nombre que resultaba más fácil de desechar. El nombre de mi personaje cambió por Miley Stewart. Y la gente todavía se confunde. Yo no me confundo. Soy Miley en la vida real. Y soy Miley en la serie (excepto cuando soy Hannah). En el único lugar donde no soy Miley es en mi certificado de nacimiento, que ya no sirve porque me cambié el nombre legalmente. Y cuando llegue el glorioso día, en mi carné de conducir pondrá Miley.

¿Hannah qué?

Mientras grabábamos el episodio piloto, los de Disney me hicieron saber que había otra pequeñísima cosa que querían que hiciera. Un concierto.* Exacto, querían que actuara en un concierto como Hannah Montana ante una multitud de personas que no tenían ni idea de quién era yo, *antes* incluso de que empezara la serie.** Cuando llegó la gran noche, yo era un manojo de nervios. Por supuesto, ya había estado entre bastidores, e incluso sobre el escenario con papá en muchos conciertos. Pero ahora se trataba de canciones nuevas, coreografía nueva, bailarines nuevos, atrezo y cambios de vestuario. Y sin papá. Toda la atención estaría puesta en mí.

La multitud que se acercara al teatro Glendale Centre (no muy lejos de los estudios Disney) no sabría ni a quién ni qué iba a ver. Sólo sabrían que verían a una chica desconocida llamada Hannah Mon-

* ¡Ay!

** ¡Doble ay!

tana, y que tenía algo que ver con una nueva serie de Disney. Y que era gratis. Estoy segura de que algunas de esas personas desearían poder viajar en el tiempo y vender esas entradas gratuitas por billetes gordos.

Estaba segura de que no se presentaría nadie al concierto. ¿Quién querría ver a una cantante desconocida? Cuando empecé, tenía miedo de fracasar (y me sentía estúpida por fingir que era una estrella rutilante cuando nadie sabía quién era). Era tan raro... Entre canción y canción, susurraba al micrófono «vuelvo enseguida» y salía corriendo del escenario como un ratoncito para preguntarles a mamá y a los productores si lo estaba haciendo bien.

¡No es que yo apruebe este comportamiento!

Luego, creo que mientras cantaba *Pumping Up the Party Now* [*Animando la fiesta*], me di cuenta de que a la gente le estaba gustando. Parecían encantados de ver el espectáculo. Eso me dio un segundo de pausa (mentalmente, pues no dejé de cantar, por supuesto) y me di cuenta de lo que me estaba ocurriendo. No importaba lo rara y forzada que fuera aquella actuación. Pensé para mí misma: «Estoy contenta de estar aquí. Muy contenta.» A partir de ese momento, empecé a soltarme. Más tarde supe que Gary Marsh, un ejecutivo de Disney Channel, se giró hacia mamá y dijo: «No ha tardado en ambientarse.»

Hacia el final del concierto, el público estaba en pie, aplaudiendo y gritando: «¡Hannah! ¡Hannah! ¡Hannah!» Yo corría por el borde del escenario, chocando palmas con el público, improvisando. Me estaba divirtiendo. **Estaba ocurriendo realmente. Era mi momento.**

Parte de ese concierto se sigue utilizando en la serie, como si fuera una especie de vídeo musical de Hannah. Utilizan el material de *Pumping Up the Party Now*, conmigo en pijama,* en la secuencia inicial y a veces para promocionar la serie.

Y, cuando acabó el piloto, me pusieron aparatos en los dientes.

* ¡Hannah ha crecido tanto que ahora jamás actuaría en pijama!

La pérdida de Pappy

Antes de volver a los aparatos en los dientes, quiero hablaros de Pappy, que es como llamábamos a mi abuelo por parte de padre. Mientras grabábamos el episodio piloto, papá iba volando de aquí para allá entre el plató de *Hannah Montana* y la cabecera de la cama de Pappy. Mi abuelo estaba enfermo, muy enfermo, con un cáncer de pulmón, pero todos los recuerdos maravillosos que tengo de él estaban en mi cabeza mientras trabajaba. Sé que él quería que persiguiera este sueño.

Mi abuelo tenía una cabaña de troncos en Cave Run, Kentucky, el lugar más maravilloso de la Tierra. Por la mañana, nos preparaba beicon y nos contaba alguna historia disparatada sobre qué tramaban los perros o qué decían los vecinos.

Cada uno de los niños teníamos una habitación en el piso de arriba de su cabaña. Siempre que íbamos a visitarle, me dirigía a mi habitación la primera noche y él había puesto una vieja alfombra de piel de oso en el suelo, con la cabeza asomando. Siempre me daba un susto de muerte. Pero el abuelo era así. Me encantaban sus bromas. Y también me encantaba cómo olía. Utilizó durante años el mismo desodorante (una marca típica del país) y ahora siempre lo tengo a mano porque me recuerda a él.

Pasábamos mucho tiempo en aquella cabaña, haciendo el tonto todo el día. Yo solía cambiar el mensaje de su contestador automático para que dijera: «Hey, gracias por llamar a mi abuelo», y luego soplaba un silbato que sonaba como un tren (chuuu, chuuu, chuuu) y añadía: «Le quiero mucho y espero que tú también le quieras.» (Si le hubierais conocido seguro que le hubierais querido.)

La cabaña estaba cerca de una montaña en la que había una cueva. Durante el día, mi abuelo nos ayudaba a Brazz, a Trace y a mí (mi hermana Noah todavía no había nacido) a buscar puntas de flecha y encontrar el rastro de murciélagos. Mi abuelo era un niño gigante. Cuando íbamos a pescar,* el abuelo conducía delante con su viejo coche y papá le seguía, conduciendo lentamente, incapaz de seguirle. Papá suele conducir con mucha cautela (excepto si conduce una moto todoterreno o un quad).

* Bueno... al menos iba con él hasta que se me enganchó el pie en un agujero del puente y tuvieron que sacarme antes de que los bagres se me comieran los dedos de los pies. Después de aquello, dejó de gustarme la pesca.

73

7 cosas que solía decir mi abuelo

1. cuanto más pisas la mierda, más apesta

2. la persistencia es a la calidad del carácter de una persona lo que el carbón al acero

3. lo que es bueno para las ocas, es bueno para los gansos

4. allí donde vayas... allí estarás

5. en los momentos difíciles, no hay que dejar de esforzarse

6. estás tan lleno de caca como un pavo de Navidad. =)

y mi favorita... **7.** Te quiero.

El abuelo tenía la voz ronca como yo y una barri-ga que siempre sobresalía un poco, como si acabara de darse un atracón. Siempre estaba diciendo refranes de sabiduría popular que para alguna gente no tenían sentido, aunque sí para mí (habitualmente). Si yo hablaba de alguien que me hacía enfadar, él decía: «Cuanto más pisas la mierda, más apesta», o: «Si los dejas fuera de combate, no hace falta ningún juez» (esto se lo decía siempre a papá porque había sido boxeador). Si me ponía algo, por ejemplo, un sombrero, y le preguntaba: «¿Te gusta mi sombrero, Pappy?», y no le gustaba, me contestaba: «Sí, por supuesto, me gustaría tener dos como éste. Uno para cagarme dentro y el otro para taparlo.» Entonces mi papá intervenía: «Sí, a mí también.» Y yo decía: «No tengo ni idea de qué estáis hablando.» No importaba, sin embargo. Siempre fue el mejor abuelo que uno pueda imaginarse.

Mi abuelo siempre fue un buen espectador. Las escaleras de su cabaña llevaban a un desván, y cuando yo era pequeña (cinco o seis años), solía preparar una actuación, y bajaba las escaleras cantando a grito pelado la canción *Tomorrow*, del musical *Annie*. Mi abuelo aplaudía, silbaba y decía: «Sube otra vez y repítelo.» Y yo subía y me comía el mundo. Y, cuando estaba en la cabaña, siempre tocaba su piano. Nunca fui a clases de piano, pero me gustaba (y todavía me gusta) dejar que mis dedos tintinearan sobre las teclas. Mi abuelo le llamaba a ese tintineo «La canción de la lluvia».

Así fue como terminé escribiendo la canción *I miss you* [*Te echo de menos*] para mi abuelo. Estaba tan enfermo... Yo sabía que se estaba muriendo, y lentamente también moría mi corazón. No me podía imaginar la vida sin él. Fue la canción que más me costó escribir. Estaba trabajando en ella con Wendi, una buena amiga de mamá, y estaba sufriendo horrores. Finalmente dije: «No puedo seguir escribiendo, tengo que parar.» Pero sabía lo que quería decir mi corazón, y lo que tengo en el corazón siempre encuentra su camino hasta la punta de mis dedos. Así que nos obligamos a continuar y terminamos la canción. Tenía muchas ganas de que mi abuelo escuchara *I Miss You* antes de morir. Nunca pude cantarla para él pero, poco antes de morir, papá le puso a mi abuelo un corte de la canción y me gustaría creer que le dio esperanza, tal como él continúa dándome esperanza.

Mi abuelo decía que no pensaba morirse antes de que estrenaran *Hannah Montana* por la tele, pero falleció dos días antes del estreno. Aun así, sí que pudo ver una cinta del episodio piloto. Y sé que se sentía orgulloso.

En el sur de Estados Unidos, los funerales son como bodas. Todo el mundo se presenta con enormes sombreros para cotillear y dar el pésame. Prácticamente es una reunión familiar. En el funeral de mi abuelo no podía ver nada excepto a él. Estaba en un ataúd abierto y yo quería tocarle la mano por última vez, como despedida. Pero no quería recordarle de aquella manera, así que me quedé atrás. Aquel momento todavía me atormenta.

Tras la muerte del abuelo, seguí dando vueltas a su fallecimiento. Si habéis perdido a un abuelo, tal vez ya sabéis lo que significa. Le echaba de menos. Y todavía le echo de menos. Lloré su muerte. Y todavía la lloro. No dejaba de pensar que le había prometido que le dejaría que nos llevara a mi hermana mayor Brandi y a mí a King's Island (un parque de atracciones), pero nunca tuvo la oportunidad. Me quedé atascada en las veces que no hablé con él por teléfono. Había un mensaje de voz de mi abuelo guardado en nuestro contestador automático, y lo escuchaba una y otra vez, porque cada vez era como si le recuperara y no se hubiera marchado nunca.

Entonces tuve un sueño. Era el abuelo, que quería que siguiera adelante. Me decía: «No puedo marcharme si te agarras tan fuerte a mí. No puedes dejar que mi muerte detenga tu vida.» Cuando me desperté, su voz estaba tan viva en mi cabeza que era como si se hubiera despedido y hubiera salido por la puerta. Por la fuerza de la costumbre, fui al teléfono para escuchar su mensaje de voz. Ya no estaba. Borrado. Se había ido flotando por el éter. Como si mi abuelo me pidiera que le dejara irse en paz.

Papá ha heredado la tendencia del abuelo de hablar con galimatías. Puede decir: «Lo que es bueno para las ocas es bueno para los gansos.» El otro día dijo «espita» en vez de «grifo». Tanto papá como yo hemos adoptado expresiones sureñas típicas del abuelo. Y finalmente comprendí que no importaba si dejaba que mi abuelo se marchara. Siempre estaría con nosotros.

Creer

El mero hecho de que hubieran grabado un episodio piloto (el primer episodio de la serie) no significaba que *Hannah Montana* fuera a ver algún día la luz. Había muchos ejecutivos que tenían que decidir si era lo bastante buena. Si lo aprobaban, la serie resultaría «elegida», lo que significaba que haríamos más episodios y que se emitiría. Que era lo que queríamos todos.

Habíamos vuelto a Nashville cuando llegó la noticia de que *Hannah Montana* había sido elegida para trece episodios. Disney me quería en Los Ángeles al cabo de siete días. ¡Siete días! Mamá no quería desarraigar a toda la familia tan rápidamente sin ponernos en un lugar donde pudiéramos sentirnos como en casa. No quería que la mudanza fuera traumática o pudiera ser sentida como un sacrificio por parte de mis hermanos. Mamá es así. No es de las que se deja embelesar por Hollywood o por la idea de que yo sea una estrella. Siempre procura tener una visión de conjunto. De toda la familia. De cómo podemos tener estabilidad y normalidad. Mamá entró en Internet y compró la casa más pequeña que pudo encontrar en La Cañada. Así de simple. Como si fuera una camiseta de un catálogo. Mamá es muy del siglo XXI.

Literalmente.

Una de las primeras cosas que hicimos cuando llegamos a Los Ángeles fue ir a las oficinas de Disney para darles las gracias. Almorzamos con mis agentes y luego fuimos en un descapotable hasta Disney. Papá y yo siempre íbamos en quad por los alrededores de nuestra granja, al estilo sureño. Parecía una experiencia total de ascensión a la cima. Me sentía tan glamurosa en mi descapotable... Era una estrella de la tele de camino a dar las gracias a los productores. Excepto que cuando entré en la oficina de Gary Marsh, una expresión de terror cruzó su cara. «¿Qué te ha pasado?», preguntó. El viaje en el descapotable me había ~~despeinado~~.* Y llevaba el pelo teñido en un tono extraño de rubio. Me habían arrancado dos dientes. Y, ah sí, los aparatos en los dientes. Llevaba aparatos en los dientes. No era una visión demasiado hermosa. Enseguida caí de mi pedestal.

* remodelado el peinado.

Mis cabellos volvieron al color castaño. Me quitaron los aparatos de los dientes. Me pusieron un puente dental con dientes falsos para rellenar los huecos mientras me crecían mis dientes de adulta. Fue mi primer chollo como estrella de la tele: tener una excusa para deshacerme de los aparatos de los dientes.

Yo lo llamaba mi aleta.

Una vez «arreglada», quedaban más cosas por hacer antes de empezar a rodar la serie. Tenían que hacer mi vestuario. Tenía que entrar en un estudio para grabar la música de toda la primera temporada. Ah, y tenían que tomarme la talla para las pelucas. La peluca del episodio piloto era una broma. Ahora tendría pelucas auténticas y caras que se moldearían especialmente para mi cabeza. Si nunca habéis sufrido una prueba de pelucas, dejadme que os diga que no tiene nada de glamuroso. Te ponen un gorro de peluca, que es como un gorro de natación hecho de media; ponen cinta adhesiva alrededor hasta que se endurece; y luego utilizan esa forma para hacer un molde.

Que te hagan una peluca: ¡el sueño de cualquier chica!

Una vez hechas las pelucas, la serie se puso en marcha. Poco después, hubo una fiesta en el plató para el estreno de la serie. Tanto Emily como yo llevábamos un vestido negro. Estábamos muy ansiosas por ver la versión definitiva del episodio piloto (la versión que verían millones de telespectadores en Disney Channel). Eso esperábamos.

El episodio era mucho mejor de lo que me esperaba. Tú dices una línea seis veces, sesenta veces, y acabas sin tener ni idea de cuál elegirán en la sala de montaje, cómo sonará, ni qué aspecto tendrás tú mientras la dices. Cantas una canción en un estudio y sólo imaginas cómo saldrá con producción de sonido y sincronización. Pero allí estábamos, en la pantalla. Papá, yo y todos mis nuevos amigos. Tengo que admitir que pensé que éramos bastante impresionantes. Pasara lo que pasase, aquél era mi momento, y jamás lo olvidaré.

Al día siguiente fui a un parque de atracciones con mi tía. No pensamos en la serie. No teníamos ni idea de qué eran los índices de audiencia. No se nos ocurrió que, de hecho, la gente había visto mi cara en la televisión la noche antes. Íbamos de camino a la montaña rusa cuando seis niñas de trece años se me acercaron corriendo y me pidieron un autógrafo.* ¡En mi interior hice un *flic flac* con salto mortal hacia atrás de alegría! «¡Claro!», les dije, con un exceso tal de entusiasmo que estoy casi segura de que asusté a mis primerísimas fans (que eran más altas que yo.) En ese momento me di cuenta de que *Hannah Montana* no era simplemente un trabajo nuevo que me encantaba. Había gente que nos veía. Gente de verdad, que me

* ¡No es mentira!

82

reconocía por la calle. Yo ya no era únicamente Miley Cyrus. Llevaba a Miley Stewart y a Hannah Montana conmigo. Era raro. Era genial. Sólo tenía doce años.

¿Habéis practicado alguna vez vuestra firma en las libretas del cole o mientras habláis por teléfono? Yo sí. Página tras página, donde debería haber estado tomando apuntes, está llena con mi nombre, acompañado de todo tipo de garabatos y florituras. Sabía cómo firmar mi nombre, pero, ¿qué más quería decirles a aquellas niñas, mis primeras fans? Recordé lo que habría querido oír Hannah Montana, sentada nerviosa en una sala de espera, cuando sólo era una entre cincuenta aspirantes. Recordé lo que habría querido oír mientras estaba sola en cuclillas en el baño del colegio, cuando estaba al límite. Recordé lo que habría querido oír mi pez cuando su mejor amigo mordió el polvo. Ahora sabía exactamente lo que quería escribir. Me tomé un buen rato para aquellos seis primeros autógrafos, asegurándome de que quedaran perfectos.

KILÓMETRO DOS

Dos mundos

Sublime gracia

Bueno, creo que ya estoy lista para retroceder hasta el principio de todo. Es difícil recordar algo tan antiguo cuando eres una tipa vieja como yo, pero allá vamos. Muuuucho tiempo atrás.

Sé que parece que me tomé todo el asunto de Hannah con calma. No creáis que no estaba totalmente loca de contenta. Aunque también tenía una ventaja. De pequeña ya había tenido mi parte correspondiente de atención del público. Cuando era un renacuajo, era la sombra de papá. Digamos que él estaba acostumbrado a tenerme cerca. Así que, cuando se iba de gira para dar conciertos (papá siempre fue cantante, lo de actuar le vino más tarde) quería tenerme a su lado siempre que fuera posible. Y durante una época, papá vivió su carrera en la carretera intensamente. Yo me sentaba sobre sus hombros ante miles de personas. Viajaba en helicópteros, aviones a reacción, autobuses y limusinas. A veces me hacía subir al escenario para cantar *Hound Dog* con él, y me han contado que luego tenían problemas para que me bajara. Y al final de cada concierto, cuando los fans le hacían regalos, yo solía correr ante el gentío que aplaudía, ayudando a papá a recoger las flores, pulseras y sujetadores, y luego íbamos directamente a un hospital y lo donábamos todo. Excepto los sujetadores, que eran unas hamacas excelentes para mis muñecas.

Cuando tenía dos años recién cumplidos, papá me llevó con él a un tributo a Elvis Presley. Priscilla y Lisa Marie Presley habían organizado ese festival (que se retransmitía en directo por televisión) en la Pirámide, un pabellón con un aforo de 20.000 localidades en Memphis. Había una constelación de estrellas: Aretha Franklin, The Jordanaires, Eddie Rabbitt, Bryan Adams, The Sweet Inspirations, Tony Bennett, todos cantando canciones de Elvis. A papá le llegó el turno a mitad del concierto. Cantó *One Night with You* [*Una noche contigo*] mientras yo le observaba entre bastidores con mi abuela y mi vestidito de fiesta de volantes. Entonces, para el gran final, papá empezó a cantar *Amazing Grace* [*Sublime gracia*], y todos los demás cantantes salieron uno a uno para unirse a él en el escenario.

Era un rock'n'roll abluesado, una versión al estilo de Memphis del himno religioso *Amazing Grace*. No sé decir realmente si recuerdo aquel momento o si es que me lo han contado tantísimas veces que me parece recordarlo, pero finalmente no pude contenerme más. Me escapé de mi abuela y salí corriendo al escenario. Según cuenta papá, las Sweet Inspirations me recogieron y me subieron en brazos, mirando hacia el público. **Allí estaba yo, fijándome en todo, sintiendo el espíritu de aquella canción, la música, y a Elvis tanto como cualquiera... ¡ante miles de personas!**

Las Sweet Inspirations me pasaron a los Jordanaires, que a su vez me pasaron a Eddie Rabbitt. (Como una versión de la patata caliente con cantantes famosos.) Yo saludaba al público todo el rato, encantada. La última persona que me cogió en brazos fue Tony Bennett (como el cantante famoso que se queda con la patata caliente). Al final de la canción, Bennett me llevó con papá, le miró fijamente a los ojos y le dijo: «Tienes una niñita muy especial.» Cuando papá cuenta esta historia,* dice que Tony Bennett lo dijo muy convencido. Como si estuviera diciendo: «Tío, esta niña tiene algo muy especial. Un cierto carisma.

Niña de dos años interrumpe un programa en directo = ¡jamás de los jamases!

* casi cada día

Conecta con la gente.» Así es papá. Siempre embelleciendo las historias a mi favor.

No sé qué decir de Tony Bennett, pero lo que sí que puedo decir es que no sentí para nada miedo escénico. Estaba con papá, me encantaba la música y me sentía como si aquél fuera mi lugar (como si el escenario fuera un puzle y yo fuera una pieza que faltaba). O tal vez el puzle era yo y estar en el escenario era una pieza que me faltaba a mí. ¡Vale, digamos simplemente que me sentía mucho más cómoda sobre el escenario de lo que me siento ahora tratando de inventar analogías!

Cazando conejos

No todos mis primeros recuerdos musicales son sobre un escenario. Desde que tengo uso de razón, la música ha formado parte de mi vida cotidiana. El abuelo de papá, mi bisabuelo (E. L. Cyrus), era un predicador pentecostal. Además de ser legislador por el estado de Kentucky, mi abuelo (Ronald Ray Cyrus) cantó con el cuarteto Crownsmen durante un tiempo y siempre tuvo un cuarteto de gospel. Mi abuela paterna (Ruthie Cyrus) también era aficionada a la música, cantaba y tocaba el piano de oído. Y por lo que se refiere a nuestra casa, la guitarra de papá siempre estaba fuera. Papá, mi tío y mi abuelo solían cantar *Little Red Caboose* o *Noche de paz*. Especialmente, en época navideña, la casa se llenaba de villancicos.

Durante mi infancia, papá traía a casa a montones de amigos músicos. Me senté en el regazo de Waylon

Jennings mientras él cantaba *Good-Hearted Woman*.
Cuando tenía diez u once años, Ed King* me enseñó
los acordes de *Sweet Home Alabama* en mi primera
guitarra.

La música es el amor de mi vida. Es una huida total de la realidad. La música te transporta a otro lugar, algún lugar inesperado y significativo.

Un día vino de visita Johnny Neel.** Papá y yo
dimos un paseo con él hasta la cima de una colina
cerca de nuestra casa. Johnny era ciego, así que andá-
bamos con cuidado. Él utilizaba un bastón mientras
yo le daba la otra mano. Cuando nos sentamos en la
cima, Johnny dijo: «Debe de ser muy bonita la vista
desde aquí arriba. Ojalá pudiera ver lo bonita que
es.» Eso pasó antes de que yo pueda acordarme, pero
según cuenta papá, yo le dije: «Pues escucha el viento. Se puede oír la voz de Dios en el viento.» Y cuando Johnny Neel se quedó allí sentado en silencio, le
dije: «Si pones la cabeza cerca de la hierba, la oirás.»
Johnny se puso de cuatro patas, acercó la oreja al suelo y dijo: «Tienes razón, bonita.»

Papá cuenta un montón de historias sobre mí y
sus amigos músicos. Aunque mi favorita es la historia

sobre Carl Perkins.* Carl Perkins trajo a sus perros para cazar conejos desde Memphis, con la intención de dar una vuelta por la granja con papá. En realidad, papá y Carl no estaban cazando. Simplemente les gustaba ver a los perros siguiendo el rastro de los conejos. Yo tenía seis años, pero fui con ellos. Siempre iba con ellos.

De manera que los perros de Carl corretearon por el campo, olfatearon el rastro de un conejo y salieron corriendo hacia la hondonada. Carl bajó la mirada hacia mí y me dijo: «Escucha, cielo, quiero que recuerdes este día. Tu padre y yo no llevamos escopetas, pero nos encanta cazar conejos. Recuerda siempre que cazar conejos es como el mundo de la música.» Aquello no tenía ningún sentido para mí. «¿Qué quiere decir?», le pregunté. Él me dijo: «No se trata de matar al conejo, sino de disfrutar de la cacería.» Papá dice que los perros estaban aullando, que nosotros nos manteníamos allí de pie, Carl Perkins, él y yo, y que recuerda ese momento como si fuera ayer. Yo no estoy segura de recordarlo tan claramente, pero sé que ese día todavía me acompaña.

Ni uno solo de esos encuentros me hizo ser quien soy ahora. Ninguno me convenció para ser actriz o música. Pero aquellas horas y días iban sumando. Pequeños momentos se juntan con otros y se convierten en grandes sueños. Una puesta de sol, un paseo, unas pocas palabras sabias. **Nos convertimos en lo que vamos viviendo.**

Hannah y Lilly

Tal vez mis experiencias de infancia sí tuvieron algo que ver con el hecho de conseguir el papel en *Hannah Montana*, pero no hubo ningún amigo de papá que me diera un sabio consejo sobre la vida en el plató con mis compañeros de reparto. Si un programa de televisión es como un mundo en pequeño, entonces, al principio, los chicos de la serie éramos como toda una clase de primero de secundaria. Había celos. Había peleas. Había amistad. Había amor. Lo único diferente es que sólo éramos tres chicos.

Emily, Mitchel y yo tenemos edades parecidas. Tres nunca es un buen número. En cualquier momento, alguien se sentirá como el que aguanta la vela (así es como funcionan los tríos). Mitchel y yo enseguida nos hicimos superíntimos. Los dos somos alocados, tontorrones, divertidos, llenos de energía, y bromeamos siempre sin poner filtros a lo que decimos o hacemos. Incluso tuvimos un principio de enamoramiento durante un tiempo. Fue muy dulce.

En cambio, Emily es más reservada. Además, es guapa y atlética. Había competencia entre nosotras (siempre la hay entre chicas, y nosotras no éramos la excepción). Yo no hacía mucho por arreglarlo. Quiero decir que quería hacerlo, pero tampoco tenía ni idea de qué hacer para arreglarlo. Nunca me he llevado tan bien con las chicas como me llevo con los chicos. ¿No había soportado durante un año la Operación Amargarle la Vida a Miley, que era una campaña totalmente femenina?

Emily y yo tratábamos de ser amigas, de verdad que sí, pero siempre terminaba en una pelea. Somos tan diferentes... Ella es de Los Ángeles; yo soy del sur. Ella es dogmática. Yo soy antidogmática... pero soy tan antidogmática que soy dogmática sobre el hecho de *no* ser dogmática. Ella es superlista. Yo me sentía boba. Una vez, en nuestra clase en el plató, acabamos discutiendo a gritos en cuanto se fue el profesor. Fue una pelea tan fuerte, y acabamos tan enfadadas, que cada una se fue a su casa y se lo contó a sus padres. Las dos familias nos reunimos para tratar de resolverlo. Tras aquellas conversaciones de paz, fuimos de puntillas la una con la otra durante un par de semanas, pero no duró. Pronto volvíamos a saltar la una a la yugular de la otra.

Habitualmente, en el plató todo el mundo trata con benevolencia a quien se equivoca en una línea del guión. Nosotras no. Nos poníamos en plan «¡jolines!» y poníamos los ojos en blanco con cara de exasperación si la otra se confundía. Y en cuanto acabábamos una toma, yo decía: «¿Ya hemos acabado esta escena?», o ella decía: «¿Podemos irnos ya?» No había afecto, no había química. Interpretábamos a dos amigas íntimas y ninguna de las dos quería estar allí. Finalmente, los productores dijeron: «Vosotras dos os tenéis que calmar un poco y aunar esfuerzos.» Creo que a veces la gente olvida qué edad tenemos. Se preguntan por qué nos comportamos como nos comportamos. La mezquindad. El dramatismo. La depresión del acné (ya me referiré a eso más adelante). ¡Somos adolescentes! Nuestro trabajo es pelearnos. Ésa tiene que ser la parte negativa de realizar una serie de televisión sobre adolescentes: que tienes que trabajar con adolescentes. Y la parte positiva... hummm. Tal vez no hay ninguna parte positiva.

Realmente deseaba que fuéramos buenas amigas con Emily. Papá interpretaba a mi padre. Jason Ear-

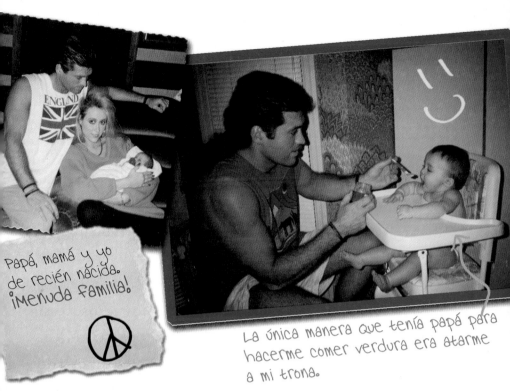

La única manera que tenía papá para
hacerme comer verdura era atarme
a mi trona.

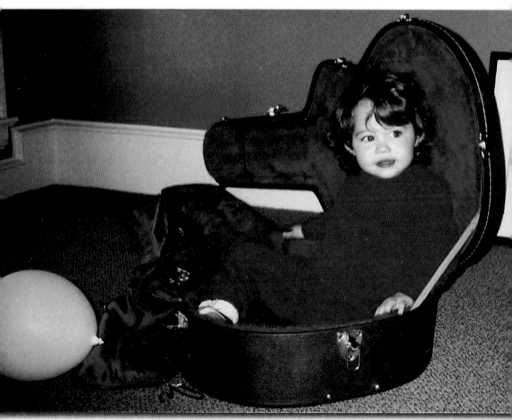

Mi propia cajita de música. A veces me gustaría seguir cabiendo.

En el avión de papá:
viviendo como una
estrella de rock a los
2 años, con mis dos
fans número 1: papá
y la abuela.

¡Mi abuelo,
mi héroe!

Trace y Brandi: Braison, papá y yo: tranquilidad.

¡Soy doble!

Con mi mejor amigo, Willie Nelson. Le llevaba en ese cochecito a todas partes.

Aquí estoy con Trace (número 2) en un partido de béisbol.
Más tarde me golpeó con el bate en la cabeza.
(¡Por accidente, por supuesto!)

Destiny Hope Cyrus: alumna del mes. Mamá estaba muy orgullosa.

¡Cómo mola!

Mamá y yo en una competición de animadoras.

¡Luego me caí de ese muro!

Noah y yo: ¿Quién es quién?

CHEERS

Destiny

Love

Amor ¡Pasando la
antorcha!

Un viaje a Disneylandia,
cuando aún tenía que
hacer cola...
y pagar.

Braison y yo:
dos malos malísimos.

¡Lazos familiares!

¡Algunos de mis mejores recuerdos son sobre ese escenario!

En mi viaje a
Los Ángeles para el
episodio piloto en sey

¡La vida se acelera
un momento entre
bastidores.

¡conectando con
mis fans en
Nueva York!
¡Qué divertido!

les, que interpreta a Jackson, era como un hermano mayor para mí. La serie me parecía muy real, y quería que mi relación con Lilly también pareciera real. Ya sé que no tenía por qué (el mundo del espectáculo es el mundo del espectáculo) pero me sentía decepcionada. Había momentos en los que creía que jamás podríamos ser amigas. No encontrábamos la manera de llevarnos bien.

SPOTLIGHT ON YOU
[ERES EL CENTRO DE ATENCIÓN]
escrita para Emily

Trato de ser valiente
Rezo para que todo salga bien
Porque sé que pronto seré...
El centro de atención
Me veo sobre el escenario
Bajo la luz de los focos
Con gente que me aplaude
Tocando rock con mi guitarra
Siendo una superestrella
Pero lo único que necesito en verdad es a TI

Pasó el tiempo, y los tres (Mitchel, Emily y yo) seguíamos juntos. Así que nos mantuvimos unidos. Y con el tiempo encontramos maneras de establecer auténticos vínculos de amistad. Había una pasarela estrecha de madera sobre el plató. Nosotros la llamábamos la sala «C.A.D.»* Subir a la sala C.A.D. era peligroso. ¡Tenía varios pisos de altura! Debías sujetarte a una baranda porque, si te caías, seguro que te matabas. Los productores debían de alegrarse de perdernos de vista. No les importaba adónde fuéramos. «No vemos nada, no sabemos nada, esto no es cosa nuestra», era su actitud.

C.A.D. = una broma nuestra

Subíamos allí a escondidas para almorzar, y durante una hora era como si estuviéramos escondidos en nuestra cabaña del árbol, mucho más allá de nuestros trabajos, nuestros deberes y nuestros padres. Estábamos todos en la misma situación (teníamos una gran oportunidad), lo que significaba trabajar como adultos, aunque no siempre era fácil comportarse como adultos. La prueba eran mis peleas con Emily. Pero allá en lo alto de la sala C.A.D. podíamos ser chicos normales y traviesos, para variar. No teníamos presión, y había indicios de cariño entre Emily y yo. Nuestros personajes se llevaban tan bien... ¿Por qué no podíamos comportarnos igual en la vida real? A pesar de todos nuestros problemas, en el fondo ~~creo~~*   * sé

que nos caíamos bien, incluso entonces. Aunque nos
quedaba un largo camino por recorrer antes de llegar
a ser realmente amigas.

El cielito de papá

Mientras, papá y yo estábamos trabajando muy bien juntos. Todos los adolescentes y sus padres suelen tener los mismos problemas. Tú quieres un nuevo teléfono móvil, pero papá no te da el dinero para comprarlo. Papá no te deja ir a ver una película porque tienes que quedarte en casa a estudiar. Te pones celosa cuando tu padre empieza a escribir canciones para los Jonas Brothers. (Vale, tal vez esto último no es exactamente un problema universal.)

Los guionistas de *Hannah Montana* estaban inventando historias sobre cosas que tenían sentido en mi relación con papá, porque eran las típicas disputas entre padre e hija adolescente. Pero observándonos, cogían cosas de nuestra manera de funcionar y las utilizaban para hacer que los personajes se nos parecieran todavía más. Cosas como que papá me llame «cielo» en la serie. Siempre me llama «cielo» y «cielito» en la vida real. Y algunas de las expresiones más sureñas salen directamente de la boca de papá, como «repámpanos». Es una expresión muy típica de papá.

También encontraron la manera de utilizar algunas de las canciones de papá en la serie. *Ready, Set, Don't Go* [*Preparados, listos, no te vayas*] es una canción que escribió papá cuando me dieron el papel de Hannah. Él todavía no estaba en el reparto. Nuestra familia había hecho las maletas y se dirigía a Los Ángeles. Se quedó viendo cómo nos alejábamos con el coche, feliz por ver que mis sueños se hacían realidad y triste por la idea de que me fuera tan lejos (y que me hiciera mayor. ¿Qué papá no tiene esos momentos agridulces?).

Un año más tarde, haríamos un episodio sobre esa canción. Fue el episodio con mayor índice de audiencia desde que la serie está en antena, y la canción *Ready, Set, Don't Go* se convirtió en un exitazo para ambos. Por supuesto, papá no estaba pensando en nada de eso cuando escribió la canción. Estaba viviendo su momento, y papá procesa sus emociones a través de la música, igual que yo.

A medida que pasaba el tiempo, nuestras vidas coincidían cada vez más con las de nuestros personajes y viceversa. Y a mí ya me estaba bien.

Que siga el espectáculo

Esperaba estar nerviosa en mi nuevo trabajo, pero grabar la serie no fue ni por asomo tan terrorífico como lo habían sido los castings. En el plató nadie me estaba juzgando. No estaba delante de un grupo de personas que decidirían mi futuro. Y lo mejor de todo, no era en directo. Si algo no funcionaba, podíamos volver a intentarlo. Siempre había más cinta. Claro que a veces todavía me angustiaba. Pero era donde yo quería estar. Trabajábamos en equipo, tratando de hacer la mejor serie posible.

Desde el principio hubo algunos momentos surrealistas. Por ejemplo, era un poco raro ver que hubiera gente que me elegía los novios. Yo no tenía nada que ver con los castings, de manera que simplemente me presentaba a trabajar un lunes y me presentaban a mi nuevo novio. «Ah, hola.» En las escenas de besos pensaréis que tiene que ser violento besar a alguien que apenas conoces, pero simplemente no parecen algo real. Nadie se lo toma en serio. Es parte del trabajo. Yo beso del mismo modo que finjo ser sonámbula o tener náuseas al ver el armario de Jackson. Es una escena. Aunque tengo que confesar que estaba un poco emocionada cuando vi que Miley iba a besar a Jake. Creo que Cody Linley es muy mono. Y, por supuesto, me encantó cuando en la segunda temporada apareció Jesse McCartney como estrella invitada. He sido fan suya desde siempre.

Hacia el final de aquella primera temporada, vinieron superestrellas como Dolly Parton, Brooke Shields y Vicki Lawrence. Tal vez debería haberme sentido intimidada, pero era nuestra serie. Estaban de visita en un lugar donde mis compañeros de reparto y yo nos pasábamos la vida. Allí me sentía segura la mayor parte del tiempo. Excepto cuando Miley Stewart tenía que patinar disfrazada de gallina. Y, más tarde, cuando tuve que llevar un disfraz de gorda luchadora de sumo, estaba que echaba chispas. Yo pensaba que llevar peluca era un engorro, pero esos disfraces enormes me hicieron sentir más respeto por las personas que llevan los disfraces de Mickey Mouse y compañía en Disneylandia. No podía soportarlo. Supongo que sentía claustrofobia. No suelo tener problemas, pero para esas escenas quería tener a mamá a mi lado.

Tuve una suerte extraordinaria con *Hannah Montana*. Desde el inicio, sentí que yo *era* Hannah. No tenía que esforzarme para meterme en el personaje o tratar de sentir lo que ella sentía. Ésas son habilidades que desarrollé con el tiempo, pero, al principio, tenía la impresión de que el papel estaba escrito exactamente para mí. Incluso me resultaba fácil memorizar los guiones. Soy un fenómeno de la naturaleza. Puedo leerme una escena un par de veces y aprendérmela. Antes de que me dieran el papel, nunca me preocupó mi capacidad de memorización (¡aunque, viéndolo en retrospectiva, debería haberme preocupado!), pero resultó que no lo necesitaba. Claro que a veces también me equivocaba, pero formaba parte del proceso de aprendizaje.

Algo parecido me ocurría con los ensayos. ¿Repasar guiones? ¿Practicar? No era lo que más me gustaba. Mis días favoritos de la semana eran los que grabábamos realmente la serie. Los consideraba los días auténticos, los días de verdad. Los ensayos parecen imágenes a cámara lenta, pasos de tortuga, comparados con el subidón de adrenalina que se experimenta al actuar.

Aparte de eso, no los cambiaría por nada, incluidos los momentos lentos. Y, al principio, era todo tan nuevo que nada me parecía lento ni por asomo. Recuerdo que, la primera vez que me emperifollé para pisar la alfombra roja fue para el estreno de *Chicken Little*. Era una película de Disney y quería verla, así que pedí entradas para el estreno. Mamá y yo fuimos de compras en busca de un vestido elegante de Charlotte Russe. Recuerdo que dije: «Mamá, ¿puedo decirles que es para un estreno?» Pensaba que así me darían más ayuda o me traerían un vaso de agua cristalina o algo. Mamá contestó: «Nadie va a creerte. ¿Sabes cuánta gente de Los Ángeles entra en las tiendas diciendo eso?»

Acabé llevando una americana negra con una cruz. Yo creía que iba mona, aunque, comparado con lo que llego a ponerme hoy en día... Cuando fuimos a la película caminé por la alfombra roja hacia los flashes de las cámaras de los fotógrafos que gritaban nombres de estrellas. «¡Zach! ¡Joan! ¡Steve!» Cuando pasé yo, bajaron las cámaras. Hubo silencio. No tenían ni idea de quién era yo. Adiós a mi fantasía de la alfombra roja.

Una vez acabada la película, mamá y yo fuimos a la fiesta posterior. Todo el mundo hablaba y se paseaba y *todo el mundo* parecía conocerse. Cogimos nuestros platos de comida y buscamos un lugar para sentarnos. Todas las mesas estaban llenas de gente que evidentemente llevaba en el mundillo mucho más tiempo que yo. No había sitio para sentarse. Así que nos acomodamos en el suelo para comer. Nadie se fijó en nosotras. Éramos las mayores perdedoras de la historia. Fue bastante humillante.

7 estrellas con las que me gustaría trabajar

1. Hillary Duff
2. Jennifer Aniston
3. Meryl Streep
4. Shia LaBeouf
5. John Lennon (me da igual que esté muerto)
6. Johnny Cash (ídem)
7. Elvis (vale, me encantan los muertos)

El centro de atención

13 de septiembre de 2006

Esto es el principio y el final. El principio de un largo viaje y de un nuevo camino, y el final de un estilo de vida corriente. Espero encontrar amor, aventuras, diversión y emociones.

A pesar de mi bocado de pastel de humildad, la vida seguía yendo a todo gas. Hice varias galas como telonera de las Cheetah Girls, en su gira «The Party's Just Begun» [«La fiesta acaba de empezar»], en otoño de 2006. Ya habíamos acabado de rodar la primera temporada de *Hannah Montana*, aunque sólo se había emitido la mitad por la tele. Antes del concierto de las Cheetah Girls, nadie sabía si a la gente le importaría que yo les hiciera de telonera. Ciertamente, *Hannah Montana* había sido un éxito inmediato, aunque eso no significaba que alguien quisiera verme en concierto como Hannah. Hannah es una cantante de ficción. Tal vez toda su fama también era ficticia. Así que los promotores de la gira no se gastaron mucho dinero. No había ningún telón espectacular que se abriera lentamente para mostrarme sobre el escenario. Ni subía sobre una plataforma como una auténtica roquera. Así, ¿cómo hacía mi aparición en el escenario? Dos bailarines sujetaban una sábana blanca normal para ocultarme, y luego la dejaban caer. Sí, sí, una sábana de cama. Tenía cuatro bailarines.* Tenía una banda grabada en vez de una auténtica banda.** Todo mi vestuario estaba sacado de los estantes de la tienda Forever 21.*** Pero a mí me daba igual si estaba ante una pared negra y lisa. **Papá siempre dice que un músico auténtico puede dar un gran espectáculo con cualquier cosa, por pequeña que sea.** Y yo estaba decidida a ser una gran música.

Cuando actúas de telonero, imaginas que nadie ha venido para verte *a ti*. La gente llega con sus amigos; está charlando, haciendo el tonto y preparándose para la actuación principal, y no tienen ningún motivo en absoluto para prestar atención a esa chica cualquiera con una peluca rubia, que se cree una estrella de la tele. Pero aquel concierto importaba mucho

* Ahora llevo hasta doce bailarines.

** Ahora tengo una banda de siete músicos.

*** Ahora todo el vestuario de Hannah es personalizado.

para mí. Era mi primera y quizás única oportunidad de demostrar a todo el mundo lo que podía hacer como artista, y no podía permitirme pifiarla. Se suponía que tenía que entusiasmar al público. Si no estaba a tono cuando salieran al escenario las Cheetah Girls, la culpa sería mía. —————————— ¡Sin presión!

7 cosas que me mantienen despierta por la noche

1. Bob Esponja
2. granos de café
3. comer antes de acostarme
4. leer la Biblia
5. tocar la guitarra
6. saber que tengo que madrugar
7. pensar en el pasado

Se vendieron todas las entradas para el concierto, lo que fue una sorpresa para todo el mundo. Me gustaba tener mucho público. Al menos, con tanta gente, no tenía que preocuparme de que no hubiera aplausos, sino sólo grillos. Podía apañármelas con esa cantidad de gente (eso esperaba).

Nunca estoy sola entre bastidores. Antes de que empiece el espectáculo, mis bailarines y yo realizamos un pequeño ritual. Nos reunimos en círculo con las manos juntas en el centro y gritamos: «¡A muerte!»* Luego, mi director de escena, Scottie Dog, un viejo roquero tatuado de los de antes, me indica dónde debo esperarme y se queda conmigo hasta que salgo.

Mientras esperaba entre bastidores la noche del estreno, la peluca rubia me producía picor, calor y sudor. Y tenía ganas de hacer pis. Muchas. Pero era demasiado tarde. (La historia de mi vida es tener pis cuando ya es demasiado tarde; es un código corporal que viene a decir: «¡Estás nerviosa y podrías echarlo todo a perder!») Scottie Dog me hizo una señal y caminé hasta el micrófono. Miré a través de la sábana a la multitud de KeyArena, en el centro de Seattle. Más de 16.000 personas me estaban mirando (o a mi sábana blanca de cama, al menos), esperando mi actuación. Me sentí realmente pequeña sobre aquel esce-

* Es mi espectáculo y mi ritual. Pensaréis que sé por qué decimos "a muerte", pero no lo sé.

nario. ¡*Era* realmente pequeña! ¿Por qué tenía que estar allí? ¿Cómo podría ganarme a tantísima gente? Sin embargo, hacer de animadora me había enseñado a canalizar mi miedo en forma de energía. Tal vez me sentía pequeña, pero estaba dispuesta a hacerlo todo mayor y mejor para compensar.

Respiré hondo, cayó la sábana y empecé con *I Got Nerve* [*Tengo atrevimiento*]. No sabía si podría evitar que una multitud de 16.000 personas me tirara tomates (o bocadillos de mantequilla y mermelada, pues la multitud era joven). Pero sí que sabía que me encantaba cantar, así que empecé concentrándome únicamente en cantar.

En cuanto empecé a cantar me relajé un poco. Al poco rato, me sentí lo bastante tranquila como para echar un rápido vistazo al público. Así que miré... y no podía creerme lo que veía. ¡Había un mar de camisetas de Hannah Montana! Aquel público no había acudido sólo a ver a las Cheetah Girls. ¡Sabían quién era yo! (O sabían quién era mi personaje de la tele cuando no era ella misma. Pero no seamos tan quisquillosos.) Cuando empecé a cantar *I Got Nerve*, la gente cantaba conmigo. ¡Se sabían la letra de pe a pa! Pronto oí que coreaban «¡Hannah!» o «¡Miley!» (¿Lo veis? Sabían quién era yo. O más bien sabían quién era mi personaje de la tele cuando era ella misma. Aunque repito, no seamos quisquillosos.) Mamá estaba entre bastidores con mi mánager, Jason. Se quedaron mirando el uno al otro con la boca abierta de par en par. *¿Qué? ¡Aquello se había descontrolado!*

Había pasado tan poco tiempo desde que estaba en sexto conteniendo las lágrimas un día tras otro...* Aquellas niñas me habían hecho sentir totalmente despreciable, invisible. Pero ahí estaba la reacción en sentido contrario que había estado esperando. Ahí estaba la prueba de que no habían podido detenerme. Si acaso, me habían empujado hacia delante. Por encima de toda aquella oscuridad, brillaba ahora una luz en mi vida. **Me sentía elevada, no tanto por el éxito o la fama o nada que tuviera que ver con mi situación en Hollywood como por el momento. Mi corazón volaba. Mi alma flotaba. Me sentía radiante.**

Por supuesto, si pudiera volver atrás, preferiría no sufrir los malos ratos de sexto. Pero ahora, ahora que aquello se había terminado, en algún lugar de la crueldad de aquellas niñas había un regalo para mí. Había dejado todos los recuerdos en el fondo del océano, pero ahora aquel pasado volvía flotando hacia mí

* Mi peor época.

como un mensaje en una botella. La miré, me sentí feliz, le presenté mis respetos y luego la volví a lanzar.

Mientras cantaba los últimos acordes de *I Got Nerve* pensé: «Ésta es para ellas.»

Incluso los malos momentos forman parte de la historia de tu vida. Si los sabes reconocer y los superas, finalmente se suman a las experiencias que te hacen una persona más sabia.

No dejaba de preguntarme qué relación había entre la respuesta del público y la popularidad de la serie o de mi carrera. Reconocí lo que estaba pasando por los conciertos de papá. Los chicos y chicas cantaban a coro las letras de mis canciones. Los padres bailaban con sus hijos. Les miré y vi caras de felicidad. Papá siempre dice que en ese momento (cuando tú, la banda y el público hacemos música todos juntos) nos convertimos en uno. *Eso es armonía.* Y en eso consiste todo.

La vida puede ser imprevisible y dura. Hay un montón de cosas deprimentes en el mundo en las que podríamos pensar todos. Tal vez deberíamos hacerlo. Pero, ¿aquella noche, en aquel momento, cantando todos juntos a coro? Fue algo que todos compartimos y, mientras estábamos cantando, por muchos problemas que hubiera en el mundo, por muchos problemas que pudiera tener la gente en casa, por muchos abusones que pudieran esperar después de clase a algunos de los niños del público, yo sentía que nos habíamos quitado todo eso de la cabeza durante un espacio minúsculo de tiempo y simplemente disfrutábamos de la compañía mutua. Había traído un poco de esperanza al público. Había descubierto la manera de hacer feliz a la gente. Y eso es lo mejor que hay.

Actué en veinte conciertos con las Cheetah Girls en un mes, el último de los cuales fue el 14 de octubre en Charlotte, en Carolina del Norte. Diez días después, salió a la venta la banda sonora de *Hannah Montana*, con toda la música de la serie de televisión. Mi vida empezaba a parecer la mejor Navidad de la historia: cada regalo era una nueva oportunidad o la noticia de un éxito que sólo había imaginado en mis sueños más disparatados. La banda sonora debutó en la lista de éxitos en el número uno.

¡Sí, rayos! Hannah Montana ya no era la telonera de nadie. Era la cabeza de cartel. Mis sueños se habían hecho realidad. Era cantante. Y era actriz. Entonces, ¿y qué si el sueño hecho realidad venía con una peluca rubia lisa enganchada en la cabeza? Servidora no tenía ninguna queja. Ya sabéis el dicho: «Vale más peluca en la cabeza que cabeza en el váter de sexto.» Bueno, vale, tal vez no sea un dicho demasiado común. ¡Dejémoslo en que sabía que no hay que mirarle el dentado al caballo regalado!

Mala suerte en Saint Louis

Antes de salir de gira con las Cheetah Girls, mamá exigió una cosa. Normalmente, cuando sales de gira para dar conciertos, todo el equipo convive en diversos autobuses. Yo compartía el equipo con las Cheetah Girls, de manera que el grupo total era numeroso (unas cien personas repartidas en tal vez cuatro autobuses). Los bailarines, dos chicos y dos chicas, andaban ya por los veinte. Yo tenía trece años. Mamá dijo que no le importaba si yo no ganaba un céntimo en la gira. Quería que las cosas fueran, dentro de lo posible, de lo más normal para mí. Así que pagó un autobús más sólo para mí, mamá, la abuela y mi hermana Noah. (El resto de los hermanos se quedaron en el cole.) Después del espectáculo, yo volvía a mi autobús, hacía los deberes y luego veía una película con mamá y Noah. Todo era extrañamente normal.

Si se le puede llamar normal a que una adolescente haga una gira de conciertos por veinte ciudades.

Yo estaba encantada con que mamá alquilara un autobús extra. Estar con el equipo es divertido durante un rato, pero a mí me resulta imposible vivir así. Necesito mi espacio. Necesito tiempo de descanso. Y era algo más que una cuestión psicológica. Como he dicho antes, raro o no, me gusta estar sola.

Aunque se había resuelto la situación del autobús para la gira, no todo fue como una seda en esa gira. Concretamente, hay dos palabras que simbolizan lo que NO fue como una seda... Saint Louis. No tengo nada en principio contra Saint Louis, pero tampoco puedo decir que quiera volver.

Mi mala suerte en Saint Louis comenzó en esa gira, y no me ha abandonado desde entonces. Estaba en el escenario cantando *Who Said* [*Quién dijo*] cuando empecé a encontrarme mal, mareada, como si fuera a vomitar. Salí corriendo del escenario. Fue un momento horrible. Mis bailarines continuaron a lo suyo. ¡Ni siquiera se dieron cuenta de que yo me había ido!*

* ¡Gracias, chicos!

En cuanto empecé a sentirme mejor (unos cinco minutos más tarde) corrí de vuelta al escenario. Dije: «Lo siento, chicos, tenía que arrojar.» (Luego mamá me dijo: «Tú sí que tienes clase, Miley. Supongo que ya nunca nos invitarán a cenar al palacio de Buckingham.») Luego volvió a ocurrirme. Tuve que salir corriendo del escenario durante *Best of Both Worlds* [*Lo mejor de ambos mundos*]. Hasta aquí lo de «Que no pare el espectáculo». Pensé que sería un virus de estómago, y al día siguiente (todavía estábamos en Saint Louis) ya me encontraba mejor, de modo que aquella noche actué.

Sin embargo, volvió a ocurrirme. No sé cómo, aquel día conseguí completar mi actuación, pero en la siguiente ciudad, Dallas, fui al médico. Dijo que estaba bien, pero durante el concierto de la noche volví a encontrarme mal. Aquello no era normal. Y no eran los nervios. Los nervios me hacen tener pis cuando ya no hay tiempo para hacer pis. Aquello era diferente. Notaba que algo iba realmente mal. Fui a otro médico, y esta vez me hicieron un ecocardiograma.* Me encontraron un orificio, un pequeño agujerito, en el corazón (¡y eso era *antes* de mi primera ruptura sentimental!), aunque dijeron que el auténtico problema era la taquicardia.

«Taquicardia» significa que mi ritmo cardíaco se acelera y el resto de mi cuerpo no puede mantener el ritmo. (*Taqui* significa «demasiado rápido» y *cardia*

* Un ecocardiograma utiliza ultrasonidos para mirarte el corazón. No duele nada. Como cuando miran al bebé de una mujer embarazada, excepto que si te encuentran un bebé en el corazón tienes un problema gordo.

significa «corazón». Cuando le conté a Brazz mi diagnóstico, me dijo: «¿Seguro que no tienes taquiboquia?») Se supone que si tenía un problema, era que parte de mi cuerpo trabajaba más duro de lo que debería e iba demasiado rápido. Siempre he sido exagerada.

El tipo de taquicardia que tengo no es peligroso. No me hará ningún daño, pero me preocupa. Mis pulsaciones aumentan mucho sólo con subir un tramo de escaleras. Es peor cuando llevo peluca. Me acaloro, mi cuerpo trata de enfriarse y mi corazón va superrápido. Cuando llevo esa peluca en un concierto, a veces no puedo ni respirar ni pensar. Siento claustrofobia. No hay ni un momento sobre el escenario en que no piense en mi corazón.

Salmo 43: 5

¿POR QUÉ DESFALLEZCO AHORA
Y ME SIENTO TAN AZORADO?
¡PONDRÉ MI ESPERANZA EN DIOS!

Aquel diagnóstico me paró en seco. En aquella gira, sentía que era muy importante para mí tener un aspecto magnífico. No comía demasiado. Algunos días sólo comía un bollo relleno de mermelada. Y nada más. Eso no era bueno. Siempre me he peleado con mi peso pero, cuando descubrí que tenía un orificio en el corazón, pensé que no tenía sentido que sacrificara mi salud para estar delgada. Estaba asustada. Como muchas chicas de mi edad, puedo sentirme cohibida por mi aspecto, pero tuve claro inmediatamente que prefería mil veces estar sana y tener mi talla normal. En cuanto volví a casa de aquella gira, papá me llevó a uno de mis restaurantes chinos favoritos, el Panda Express. Me dijo: «Tienes un orificio en el corazón, cielo. Así que a comer.»

Siempre había pensado que esforzarme al máximo era el camino para conseguir mis sueños. Pero mi cuerpo tiene límites que tengo que respetar. Tengo que cuidarme o enfermaré. Ahora me aseguro de comer bien, de dormir lo suficiente y de evitar la cafeína antes de las actuaciones. (Esto último fue lo único *realmente* difícil: ¡me encanta la Coca-Cola!)

En esa gira, aprendí que puedo exigirme demasiado. Es fácil de hacer. Los fans me animarían, y los productores me animarían, y mi familia y amigos me animarían. **Pero soy yo la que va en el asiento del conductor y, si alguien debe pisar el freno, tengo que ser yo.** Fue una lección importante que aprendí. En cierto modo, creo que fue una especie de advertencia de que debo ir con cuidado, porque de todos modos tengo que cuidarme. Me obliga a mantener un cierto equilibrio.

Sí, y volviendo a lo de Saint Louis, la siguiente vez que fui allí (para cantar el himno de Estados Unidos en un partido de los Cardinals), el partido se suspendió por la lluvia. Y también Saint Louis fue el lugar de actuación de mi primer concierto en la gira con los Jonas Brothers, que vosotros pensaréis que es algo bueno... pero ya os lo contaré más adelante.

Un día «normal»

Después de la gira con las Cheetah Girls tocó volver a casa, y volver al trabajo en el plató de *Hannah Montana*. Aquella primera mañana, desperté en nuestra casa de Los Ángeles con la voz del sistema de alarma que decía: «Puerta de entrada abierta.» Lo que significaba que alguien de mi familia había salido a pasear a los perros. Salí a rastras de la cama, me cepillé los dientes, me duché y abrí uno de mis dos armarios.*

* Lo habéis leído bien: ¡¡dos armarios!!

Ambos estaban repletos de más ropa de la que podría ponerme en todo un año. La mitad de la ropa la compré en Forever 21 y Walmart, y la otra mitad eran regalos de diseñadores como Chanel, Gucci y Prada, que empecé a recibir a medida que despegaba la serie. Es una vista rápida a las dos facetas de mi vida, lo que yo misma elijo y lo que la gente quiere que me ponga, todo comprimido y difícil de localizar en esos armarios.

En cuanto estuve vestida, persuadí a uno de los miembros de la familia con carnet de conducir para que me llevara al plató de *Hannah Montana* a tiempo para el ensayo de las 8 de la mañana. Paramos para comer a las 12.30. Mis compañeros de reparto (Mitchel y Emily) y yo nos pusimos al día, contándonos las novedades en nuestras vidas en un tiempo récord, y volvimos al trabajo.

Tras el ensayo, me dirigí a una sesión fotográfica para la portada de la revista *Seventeen*, y luego volví a casa para trabajar en una canción que tenía que estar lista para la sesión de grabación de la semana siguiente. Cené con mi familia (excepto papá, que estaba fuera de la ciudad, y Brandi, que estaba en su apartamento) y regresé luego a mi habitación para revisar el correo electrónico.

Me registré a AOL y vi una foto espontánea de mí misma como página de inicio. ¡No estaba mal, esta vez! Más tarde inicié sesión en el Mundo de Miley para leer el correo de mis fans. Posteriormente me acosté, dormí, me desperté, me lavé y me preparé para repetir.

Sí yo también tengo una contraseña para la página web del Mundo de Miley.

Era la segunda temporada de *Hannah Montana*. Podía afirmar con seguridad que mi vida había cambiado.

123

El resto de nosotros

Mi nueva vida no sólo me afectaba a mí. También afectaba a mis hermanos. Pero tienen una gran capacidad de adaptación. Mi hermano pequeño, Braison, es dos años más pequeño que yo. Es el sensible de la familia (siempre tiene mucho cuidado con los sentimientos de los demás). Brazz, como yo le llamo, puede venir a contarme cualquier cosa, y juramos con nuestro saludo secreto guardarnos los secretos más serios. No os voy a mentir (no se me suele dar bien eso de guardar secretos). Pero si Brazz me confía algo, no hay nada que pueda hacerme traicionar su confianza. Podrían amenazarme con un cuchillo, que yo no diría nada. Brazz y yo nos hicimos íntimos hace un año. No le quiero echar toda la culpa a la moda, pero creo que fue cuando se compró un par de zapatillas deportivas Converse. Yo pensé, vale, ya no es un aspirante a niño pijo.

Noah es la benjamina de la familia y la comedianta. Es una listilla, y no se le escapa nada. Cuando Noah tenía cuatro años, una amiga y yo le preguntamos si podíamos maquillarla, y procedimos a pintarla como a un payaso. Le pintamos círculos de color rosa brillante en las mejillas y le perfilamos una enorme boca azul. Hoy todavía me lo echa en cara. Si alguna vez le pido si puedo maquillarla, me contesta: «¡No, que vas a hacer que parezca un payaso!», y no me deja.

Noah quiere que su habitación sea como el Arca de Noé. Tiene una gigantesca jirafa de peluche en un rincón y un caballo de peluche igual de grande en otro. Tiene peces, pájaros y un perro. Noah quiere tener tantos animales a su alrededor como sea posible. Eso es lo que ella y yo (y mamá) tenemos más en común. No hay nadie a quien le gusten tanto los animales como a nosotras.

El año pasado, mamá, papá y Brandi fueron a un concierto, y yo me quedé en casa haciendo de canguro de Noah. En cuanto se hubieron marchado, Noah dijo: «Tú eres la divertida. Quiero hacer algo realmente divertido.» ¿Quién era yo para discutirlo? Así que saqué un cuenco grande y le eché jarabe de arce, Coca-Cola, helado, nata montada, algunos gofres y algunos confites por encima. Le di una cucharada a Noah y le dije: «Veamos cuánto azúcar te cabe dentro.» Noah comió hasta que le entraron ganas de vomitar.

Luego, para darle a su aparato digestivo un tiempo para recuperarse, decidí regalar sus sentidos con un relajante tratamiento de belleza. Elaboré una crema facial personalizada especial con huevos, miel, plátanos y... básicamente todo lo que se me ocurrió. Cuando mis padres entraron por la puerta, mamá preguntó: «¿A qué huele?» La cocina estaba hecha un asco. Había comida por todas partes. Y mamá tenía razón, no olía demasiado bien. Pero por la mañana, lo primero que hizo Noah fue ponerse las manos en las mejillas y decir: «¡Tengo los poros tan limpios! Mi piel está suave como la de un bebé.» Yo le dije algo así como: «Eso es porque *eres* un bebé.» Me alegra mucho seguir pudiendo experimentar momentos como ésos. Detestaría perderlos.

Mis hermanos mayores ya no viven en casa, aunque siguen visitándonos a menudo, y cuando vienen lo dejo todo (excepto el colegio y los deberes) para pasar tiempo con ellos. Brandi es el ángel de la familia. Es la persona más sincera y digna de confianza que se puede conocer. Aunque es nerviosa, también es muy buena chica. Trace es el despreocupado. No le importa lo que puedan pensar los demás de él. Trace es un superroquero (me encanta su banda, Metro Station). Si tuviera que clasificar a mi familia, diría que él es el que más se parece a mí. O supongo que soy yo la que me parezco a él, porque es mayor que yo.

Ahora que estoy tan ocupada, soy muy consciente de cuánto tiempo paso exactamente con mi familia. Quiero asegurarme de aprovecharlo al máximo. No es que nos hayamos sentado y hayamos establecido reglas como «todo el mundo tiene que estar en casa los martes para cenar asado» o «prohibido hablar con el móvil en la sala de estar». **Nuestra casa es un lugar ruidoso y concurrido, con familia, amigos y animales yendo de aquí para allá.** Aunque, como la mayoría de la gente, tratamos de dejar las tensiones (y por supuesto el trabajo) fuera de casa. En casa, no soy ninguna celebridad. Todo el mundo me llama todavía por mi nombre, aunque, en vez de corearlo como en los conciertos, lo gritan para que recoja mi ropa sucia. En casa, simplemente soy alguien que tiene trabajo antes que la mayoría de los demás chicos. Lo bonito de nuestra familia es que todo lo que hago ahora son cosas que papá ha realizado durante tanto tiempo (antes de que yo empezara), que nadie les da demasiada importancia.

Hogareños

Papá tiene que viajar por trabajo, pero a la hora de la verdad, tanto él como mamá son muy hogareños. Tal vez es por eso que se llevan tan bien. Cuando papá estaba de gira con su canción superéxito *Achy Breaky Heart* [*No rompas más mi pobre corazón*], mamá se quedaba en casa con los niños. Papá pasaba mucho tiempo fuera, pero incluso cuando estaba en casa durante seis meses, mis padres nunca salían a cenar en grupo ni celebraban fiestas; nunca recibían a famosos ni hacían vida social. Les gustaba estar solos con nosotros.

Yo soy bastante parecida. Me gusta ir a fiestas pequeñas y a casa de amigos, pasar el tiempo con unas diez personas y tal vez ir a nadar. Siempre voy con cuidado por mi corazón. Supongo que mi idea de una buena fiesta es que a alguien le aplasten un pastel en la cara (no estar aplastada). No bebo y *nunca* fumaría. Siempre me digo lo mismo: fumar sería como destrozar mi guitarra y pretender que sonara. Jamás le haría eso a mi voz, por no hablar del resto de mi cuerpo. Mamá quiere que vayamos con cuidado no sólo con fumar, sino con ser fumadores pasivos. ¿Qué mamá no lo hace? Mis dos abuelos murieron de cáncer de pulmón (aunque el cáncer de Pappy fue producto del asbesto, no del tabaco). Por tanto comprendo que mamá esté especialmente preocupada.

Es una lástima que nos inviten a tantas fiestas guays, porque con nosotras casi es un desperdicio. Tras los Oscar del año pasado, se suponía que teníamos que ir a la fiesta de Elton John. Nos invitaron a la fiesta de Madonna. Había alguna otra cena que también era lo máximo. Teníamos entradas para todo lo que había en la ciudad. Era algo deslumbrante y halagador. **Pero una vez finalizada la gala de los premios, mamá y yo nos miramos la una a la otra. Le dije: «Iré si tú quieres ir.»** Y ella dijo: «Yo iré si quieres ir tú.» Allí estábamos las dos, en la gran noche de Hollywood, con las invitaciones más en la onda que te puedas imaginar. ¿Y qué hicimos? Paramos en nuestra cafetería favorita, Mo's, pedimos una pizza con pollo a la barbacoa y volvimos a casa para ponernos el pijama. Estábamos zampándonos las pizzas en la cocina, hablando de lo mucho que nos gusta la de pollo a la barbacoa, cuando hubo un breve silencio y dije: «¿Deberíamos haber ido?» Las dos negamos con la cabeza y dijimos: «Qué va.» A la hora de la verdad, preferimos quedarnos en casa con el pijama puesto.

Es fácil seguir siendo la misma familia de siempre

7 comidas que me encantan

1. los copos de avena con helado
2. el queso gratinado con Ketchup
3. los macarrones con Ketchup
4. las empanadillas
5. los buñuelos chinos de cracker Barrel
6. las enchiladas
7. los huevos con almíbar

cuando estamos todos en casa. Pero es un poco más difícil cuando nos encontramos todos por ahí desperdigados. Entonces el rollo de la fama se entromete. Nos gusta ir a la iglesia los domingos y luego ir a comer juntos. A veces se nos acerca gente mientras estamos comiendo. Es entonces cuando mamá dice: «Es domingo. Estamos comiendo. Ella sólo tiene dieciséis años y ahora no le dejamos que haga eso.» A mí se me cae la cara de vergüenza. ¿Por qué no puedo firmar un autógrafo? Sólo serán cinco segundos. No es nada del otro mundo. Pero mamá dice que es la hora de estar en familia, y que la firma de autógrafos puede esperar. Quiere asegurarse de que haya momentos en que simplemente sea Miley, que ha salido a dar una vuelta con su familia.

Otra cosa que pasa es que a veces vamos a Universal (el parque de atracciones) y se nos acercan fans que quieren hacerse una foto o que les firme un autógrafo. A mí no me importa hacerlo, pero mi familia no quiere esperar durante una hora a que termine. Quieren subir a las atracciones. Y de repente soy la hermana que hago que vayamos más lentos, y se enfadan tanto como te enfadarías tú si tu hermano tuviera una rabieta en el parking de un cine. Esos momentos me recuerdan que sigo siendo sólo Miley y que no tengo que entretenerme.

Kilómetros por hora

Cuando *Hannah Montana* se convirtió en un éxito, la vida se aceleró para mí y para mi familia. Resultaba que, si sólo tenía una hora para ir de compras al centro comercial de Nashville o de donde fuera, me sentía apremiada. ¿Cómo podían esperar que diera con los tejanos perfectos con un límite tan estricto de tiempo? Me daba cuenta del montón de cosas que podía hacer en sólo una hora. Podía conceder una entrevista. Podía escribir una canción. Podía aprender caligrafía. Podía llegar al nivel Difícil en el juego Guitar Hero. Una hora libre era ahora una cantidad enorme de tiempo para mí. Era un lujo. **Empiezas a respetar el tiempo mucho más cuando la gente quiere quitártelo constantemente y tienes que decidir qué hacer con él.**

Por otra parte, detesto lo muy consciente que soy ahora del paso del tiempo. Trato de no sentirme como

Estoy atascada en Difícil. Ni siquiera soy muy buena en Difícil, y eso que juego a Guitar Hero como mínimo veinte minutos al día.

si estuviera metida en un reloj. Me gusta tomarme mi tiempo. Cuando me visto por las mañanas, quiero asegurarme de estar cómoda. Y me esfuerzo por alcanzar un nivel alto de comodidad. Tal vez tenga que probarme varias sudaderas antes de decidir cuál es la que me queda mejor. Mamá también es tranquila, pero, desde que nuestras vidas se llenaron de todo tipo de compromisos, le gusta que lleguemos a éstos a tiempo. Cuando empieza a decir: «Llegarás tarde, y *Figuraos.* me harás llegar tarde a mí. Voy a encontrar un atasco», yo le respondo: «¿Y qué? No me lleves. No vayamos.» O: «Ya encontraré a alguien que me lleve.» No le veo el sentido a ponerse nervioso. No puedo volver al pasado, invertir el tiempo y hacer que lleguemos *in*tarde. Si llegamos tarde, llegamos tarde. Aunque, bueno, mamá todavía no lo ve así.

Sólo hay una cantidad determinada de horas al día en que no estoy en el plató grabando la serie. Hago lo que puedo para relajarme. Juego a Guitar Hero (cosa que, como ya casi he convencido a mis padres, prácticamente cuenta como un trabajo si eres un músico profesional. O al menos es lo que no dejo de repetirles: «Soy una música *profesional. Necesito* este videojuego.»). Me relajo con mis compañeros de reparto durante la pausa para la comida. Cuando vivía en Tennessee, solía hacer planes con mis amigos después de clase (los días en que no tenía entrenamiento de animadora). Ahora hago todo lo posible para tener libres las horas de después del trabajo, para poder volver a casa y estar con mi hermano y mi hermana pequeña, yendo en bici por el barrio o simplemente quedándome en casa. Cosas que pueda hacer sin concertar una cita ni mirar un reloj.

Tenemos programada una parte tan importante de nuestras vidas... Es el vamos, vamos, vamos, vamos... ¡no! A veces hay que decir que no. Y eso es algo que suele costarme (calcular a qué tengo que decir que no). Todo suena importante. Todo suena divertido. Pero ahí están mis padres para recordarme que no tengo que aprovechar al máximo todas y cada una de las oportunidades que surjan. Papá es el poeta. Me dice que sea realista. Que siga mi destino. Y que recuerde que bajar de la montaña siempre es más difícil que escalarla. Mamá es la práctica. La que quiere asegurarse de que viva una infancia. La que se preocupa de que ayude en casa y guarde tiempo para salir con mis amigos. No puedo imaginar cómo sería mi vida si tuviera unos padres que pensaran que tengo que exigirme más y más por el dinero, o la fama, o la popularidad. Seguro que tendría la cabeza hecha un lío.

La pura verdad es que estar en la cima (ser la más famosa o la más rica o la más triunfadora) no es mi objetivo. No necesito estar en la cima. No quiero ir constantemente a todo gas. Me siento dichosa de haber vivido montones de situaciones que muy poca gente ha experimentado a los dieciséis años. Pero también comprendo que, si no tengo cuidado, podría perderme todas las experiencias que tienen todos los chicos normales de dieciséis años. Y con toda esta locura, las cosas normales de alguien de dieciséis años son algo que ansío.

¡Ya lo sé! ¿Quién quiere la angustia normal de la adolescencia?

Eclesiastés 4: 6

MÁS VALE UN PUÑADO CON REPOSO
QUE DOS PUÑADOS CON FATIGA
EN ATRAPAR VIENTOS.

A la hora de la verdad, mi familia me pone muy fácil estar con los pies en el suelo y recordar de dónde vengo y quién soy realmente.

Mi abuela viene a trabajar conmigo todos y cada uno de los días. Es la mujer más maravillosa del mundo. Nunca le he oído decir palabrotas. Nunca la he visto enfadada. Todos los días da las gracias por lo que tiene. Si pudiera, la haría santa. Es mi segunda madre, y siempre está ahí para hacerme tener los pies en el suelo aunque tenga la cabeza en las nubes.

Sé que costará de creer, pero en casa somos muy familiares y tradicionales. Por muy ocupados que estemos o por mucho trabajo que nos depare el día, a papá le encanta prepararme la leche con cacao por las mañanas. Lo viene haciendo desde que yo era pequeña, y es un auténtico perfeccionista preparándola.

Primero pone una cucharada de polvos en un vaso largo. Luego añade la leche. Lo remueve y le da un trago lento y concienzudo. Si no ha conseguido la proporción de cacao y leche correcta, dice: «No, no me ha quedado del todo bien.» Yo estoy segura de que está bueno y trato de detenerle, pero él dice: «No, no. Quiero que quede perfecto.» Entonces tira la leche con cacao por el fregadero y vuelve a empezar. Cuando finalmente ha conseguido un vaso que cumpla con sus estrictos criterios de excelencia (o tal vez es sólo una excusa para ir dando sorbos), nos sentamos el uno al lado del otro en la encimera de la cocina y papá se toma su café mientras yo me tomo mi leche con cacao, tal como hemos hecho desde que era pequeña. Todavía me produce una gran satisfacción. Es algo que espero cada día. Me siento muy afortunada de tener un papá que todavía cree que la leche con cacao es lo que quiero beber cada mañana. ¿Realmente *quiero* beber leche con cacao cada mañana? No importa. Papá cree que sí, y por eso lo hago.

> *Beber leche con cacao por la mañana, hacer que tu hermana parezca un payaso, comer pizza de pollo a la barbacoa en pijama por la noche. Son las pequeñas cosas que nos hacen ser quienes somos en un mundo tan grande.*

Chica del Sur

Quién soy yo tiene mucho que ver con mi familia y con dónde y cómo crecí. Sin duda estaba viviendo mi sueño, aunque eso no pasó de la noche a la mañana. Así pues, ¿dónde empezó ese sueño? En parte en los escenarios donde veía actuar a papá. Pero sobre todo en nuestra granja de Franklin (Tennessee), con una pandilla de caballos, vacas, gallinas y mi familia.

La gente cree que una granja representa un montón de trabajo, pero, cuando no toca, pongamos, cosechar, no es tan difícil cuidar de los animales. Los caballos pueden vivir al aire libre, de modo que no siempre hay que hacer mucho por ellos. Los ponemos a pacer en un prado, y a las vacas en otro. Se comen la hierba. La hierba vuelve a crecer. Comen más hierba. A veces los montamos (a los caballos, no a las vacas); a ellos ya les está bien y, aparte de eso, los dejamos a su aire.

En cuanto a las gallinas, casi puedes convertirlas en mascotas. Mi gallina, *Lucy*, se sienta en tu regazo y deja que la acaricies durante horas. Pero tienes que empezar cuando son jóvenes, o se vuelven malas. *Lucy* es nuestra única gallina amorosa. Vais a empezar a pensar que soy una auténtica pueblerina cuando os diga esto, pero resulta bastante divertido observar a las gallinas. Van por ahí bamboleando sus diminutas cabecitas. En serio, no hay nada tan relajante como tumbarse a mirar a las gallinas haciendo de gallina.

Mamá siempre cuenta que, antes de que yo empezara a ir al cole, nuestras vidas y horarios se basaban en los de un artista. Papá pasaba mucho tiempo en la carretera, dando conciertos, llegando tarde a casa. A menudo no llegaba a casa hasta las diez o las once de la noche, de manera que me dejaban quedar despierta hasta altas horas de la noche, y luego todos nos acostábamos tarde. Nuestro tiempo juntos era casi sagrado.

Como ya he dicho, cuando papá estaba en casa yo era como su pequeña sombra. Tenía cuatro, casi cinco años, cuando me subía a un caballo dócil y lento y nos llevaba a Braison, a Brandi y a mí a cabalgar por los alrededores de casa. (A Trace le daban mucho miedo los caballos y no quería venir). O me sentaba delante de él y nos íbamos a dar vueltas en quad o en moto todoterreno, y acabábamos en la cima de una colina donde hay una cabaña estilo tipi para acampar. (¡Hay incluso un tótem auténtico que el abuelo le regaló a papá!) Luego, papá encendía una hoguera y asábamos malvaviscos. **Nos quedábamos allí sentados junto al fuego, con los árboles y el gran cielo de Tennessee. Era fácil empezar a tener grandes sueños bajo todas aquellas estrellas. A mí me parecía que el cielo era infinito y que podía ver Plutón. Pasé la mayor parte de mi infancia al aire libre con papá.**

CHICA DEL SUR

Recuerdo montar a caballo
Columpiarme en un neumático
Salir de picnic a ver
Caer las hojas de los árboles

Me encanta coger flores
Mojar los pies en un arroyo
Escuchar a los pájaros cantar
Mientras juego al escondite

Todo esto os puede sonar a minucias
Pero para mí significa mucho

En el campo no hay muchas cosas
Pero no es mucho lo que necesito
Soy una chica del Sur
Las cosas grandes no me importan tanto

No me importa lo que veáis todos
En vuestra gran ciudad
No sé a qué le llamáis vosotros música
A mí simplemente dadme country

Cuando nos hicimos mayores, seguimos pasando muchísimas horas por los alrededores de la granja. Incluso, mientras sufría la tortura de sexto curso, volvía a casa y jugaba al baloncesto con Braison o pasaba horas en la cama elástica con Brandi. En la cama elástica, charlábamos y reíamos sobre... ¿quién sabe? Nada que tuviera sentido. Ésa es la mejor parte de pasar el rato con tu hermana. No tienes conversaciones con introducciones, nudos y desenlaces. Simplemente dejas que ideas sin desarrollar pasen de un lado para otro y den vueltas y más vueltas.

En un momento dado, Trazz empezó a construir una cabaña entre dos hermosos árboles. Durante una buena temporada, fue una obra en construcción. Papá quiso ayudarle a terminarla, pero entonces se golpeó un dedo con el martillo y abandonó. Un día, yo también decidí ayudar. Pero como no tengo ni idea de construir cosas, simplemente envolví con mantas lo que habían construido para hacer las paredes y el techo de un pequeño fuerte para niños. Pero digamos que me olvidé de tener en cuenta el factor lluvia. Sí. La lluvia. No es demasiado oportuna cuando tu casita tiene paredes hechas de edredones. Aun así, la cabaña del árbol es muy dulce tal como quedó. Siempre que volvemos a Nashville, a Brazz y a mí nos gusta encaramarnos a los árboles y jugar a las damas. Es nuestro escondite, donde los sueños pueden hacerse tan grandes como nosotros queramos.

Nuestra familia nunca ha sido realmente competitiva. Siempre nos dejamos ganar unos a otros cuando jugamos a lucha en la piscina. Tratamos de no herir nuestros sentimientos.

Lástima que esta delicadeza con los sentimientos no se tradujera exactamente en tener cuidado con los vehículos. Que conste en acta que no veréis ni una foto mía a caballo o en un quad con un casco puesto.

Papá siempre dice que podría haber hecho sudar tinta a algunas de esas mamás famosas del departamento de padres irresponsables. Nunca se le ocurrió ponerles casco a sus hijos. Ni ponérselo él mismo, ya que hablamos del tema.

¡En eso ha mejorado!

Una vez, cuando yo era bastante pequeña, papá salió a pasear en quad conmigo en un portabebés que llevaba a modo de mochila.* Como siempre, sin casco. Papá iba a toda leche por el bosque, zigzagueando, cuando se encontró delante un árbol caído en el camino. Agachó la cabeza para pasar por debajo pero, justo cuando se agachaba, se acordó que me llevaba a mí a la espalda. *¡Zas!* Me llevó a casa con un enorme chichón en la cabeza. Sólo puedo imaginar de lo que habría sido capaz si papá no me hubiera causado aquella lesión cerebral de poca importancia. Todavía trato de encontrar formas imaginativas para que me compense por aquello. La mayoría empiezan con las letras *C-O-C-H-E*.

* ¡No lo intentéis en casa!

El Día de la Mula

Os he estado hablando sobre dónde empezó el sueño, pero tengo que ir más atrás, tengo que irme por
las ramas y hablaros del Día de la Mula. Eso mismo,
el Día de la Mula. Mi abuelo me llevaba allí todos los
años. No es que os quiera decir que el Día de la Mula
fuera decisivo para que decidiera ser actriz y cantante, pero soy una chica de campo y... ¡bueno, que hay
una celebración anual que se llama el Día de la Mula!
Forma parte de mi bagaje cultural. ¿No queréis que
os lo cuente? Un momento...

Acabo de llamar a papá y le he preguntado: «¿Lo
he soñado o es verdad que el abuelo solía llevarme al
Día de la Mula? ¿Qué era?» Papá ha dicho: «Yo lo
describiría como el día en que todo tipo de burros van
a Columbia (Tennessee).» Así que ya lo sabéis. No me
lo estoy inventando. (¿No dicen siempre que la realidad supera a la ficción?) Si no habéis tenido la suer-

te de asistir al Día de la Mula, es una celebración anual de mulas (y burros) que se celebra en Columbia. Es un día con música en directo, arte y artesanía, aglomeraciones y, por supuesto, mulas a patadas. Hay venta de mulas, competiciones de arrastrar mulas, espectáculos de mulas y montones de recuerdos sobre mulas. El abuelo y yo siempre volvíamos a casa con pequeñas mulas en miniatura y camisetas de mulas.

Un día, para conmemorar nuestra dedicación mutua al Día de la Mula, mi abuelo me compró un burro auténtico. Lo trajo desde Kentucky en un remolque para caballos. Me dijo que aquel burro (al que puse de nombre *Eeyore*) era medio cebra, y era por eso que tenía rayas en los tobillos. No fue hasta hace poco que tuve un momento de inspiración en plan «¡Eh, un momento...!», y me di cuenta de que *todos* los burros tienen los tobillos blancos.

O sea... el Día de la Mula. Me ha parecido que teníais que conocerlo.

Mis pequeñas pausas

Ahí me tenéis, en Tennessee, mirando a las gallinas, yendo a fiestas de mulas y arriesgándome a lesiones graves en el quad de papá. Todavía no tenía decidido ser una gran estrella. ¿Quién quiere serlo de pequeña? Aunque ya entonces estaba convencida de que quería actuar de una manera u otra. Dos años antes de mudarnos a Toronto, fui a «Pequeños actores», un campamento de verano en un pequeño teatro llamado Boiler Room, en Franklin. Cuando en el campamento representábamos obras en la sala de calderas, yo nunca hacía de protagonista. El único papel que recuerdo es uno en que representaba a una anciana. Creo que también había una peluca, de modo que supongo que sí que gané *algún tipo* de experiencia que resultaría decisiva años más tarde.

En el colegio estaba muy interesada en representar obras, siendo «muy interesada» una manera amable de decir que era una marimandona. Cuando mamá me acompañó con mi vestuario casero, mi profesora de segundo, la señorita Severe (también profesora de Brandi. Y de Braison. Y de Noah) dijo: «Miley lo tiene todo planeado.» Era una de *esas* niñas. Los profesores estaban encantados conmigo.* Excepto cuando no dejaba de hablar. Que era la mayor parte del tiempo.

* Los niños no tanto.

En quinto (un año antes del infame Año de los Malos Tratos) nos mudamos finalmente a Toronto para estar con papá. Mamá había ido postergándolo porque no quería desarraigarnos de Tennessee, pero, como ya he contado antes, necesitábamos estar juntos. El cambio más duro para mí fue dejar el equipo de animadoras (estaba tan dedicada a ello...). Así que mamá removió cielo y tierra para encontrar la manera de que pudiera hacer de animadora en Toronto. Sí, resulta que las competiciones de animadoras no son tan populares en Canadá.

Mamá acabó encontrando un equipo en Burlington, a una hora de coche de Toronto. Se suponía que había que hacer séptimo para apuntarse, de modo que yo era demasiado pequeña; pero mamá les contó que había hecho de animadora desde los seis años y les suplicó que al menos me vieran. Cuando hice la prueba en el gimnasio, les encantó lo chiquitina que era. Resultaba muy fácil lanzarme por los aires. ¡Y me admitieron!

En Toronto hacía un frío de mil demonios comparado con un invierno normal de Nashville. Y además, el invierno que decidimos pasar en Toronto resultó ser el más frío de los últimos quince años. De modo que cada domingo conducíamos a través de la ventisca hasta Burlington para ir a los entrenamientos. ¡Mi pobre mamá, que nunca había conducido en una carretera helada en su vida! Era una auténtica heroína.

En Canadá, cuando no estaba haciendo de animadora o recibiendo clases en casa, siempre acompañaba a mamá, lo que significaba dejarse caer por el plató de *Doc* para ver a papá. Al pasar tanto tiempo cerca del plató, absorbí ciertas cosas de un rodaje: cómo funciona el bloqueo de cámara; qué significaba cuando decían «¡Corten!»; lo importante que es estar callado. Pero, sobre todo, me encantaba probarme las pelucas de la sala de vestuario. Ya lo sé, ya lo sé. Hay gente que mira su vida en retrospectiva y descubre que el tema de su vida ha sido superar la adversidad, o combatir la injusticia, o consolar a los afligidos. Hasta ahora, cuando miro hacia atrás en mi vida, el único tema que veo que empieza a emerger son las pelucas.

Papá ya llevaba un par de años haciendo *Doc*, y todos los productores conocían a nuestra familia. Poco después de llegar a la escena, el productor (¿o era el director?) de *Doc* me ofreció el papel de una niña llamada Kiley en un episodio de la serie. Kiley era una niña pequeña, muy sociable, con una madre alcohólica y maltratadora, que se iba a vivir a Nueva York con su padre. El padre de Kiley vivía en el mismo bloque de pisos que Doc (papá). Tuve algunas escenas buenas como Kiley (algunas escenas profundas relacionadas con su madre maltratadora), y una escena en la que Kiley se presentaba a las pruebas para una representación escolar y se reían de ella por su acento de Tennessee. Casi no intuía lo mucho que me serviría aquella experiencia. En dos terrenos diferentes: actuando en la tele *y* soportando a las malas de sexto.

Si tuviera que establecer con exactitud un momento, diría que interpretar a Kiley me despertó definitivamente el gusanillo de actuar. Pero, sobre todo, tengo que mencionarlo porque era casi la mitad de mi currículum profesional como actriz cuando hice el casting para *Hannah Montana*.

Después de *Doc*, empecé a hacer un taller de actores y fui a algunos campamentos donde tuve que hacer monólogos y representaciones. Y supongo que valió la pena. La siguiente vez que estuvimos en Nashville visitando a unos amigos, una amiga de mamá, Wendi,* iba a llevar a sus hijos a un casting para un anuncio de Banquet Foods protagonizado por la cantante country Lee Ann Womack. Yo sentía curiosidad, así que me llevó con ellos. Los hijos de Wendi son más pequeños que yo, de modo que, cuando el director del casting dijo que buscaban a una niña un poco mayor para el anuncio, Wendi me sugirió que debería entrar yo. No recuerdo cómo fue la prueba, pero me dieron el anuncio (y de paso conseguí una agente).

De lo que *sí* me acuerdo es de que la noche antes de ir a grabar el anuncio, mamá cocinó algunos de los productos de Banquet Foods que comería al día siguiente. Pero, cuando entré en la cocina para probarlos, mis hermanos se los habían comido todos. De manera que no podían ser tan malos (aunque yo soy quisquillosa con la comida). Al día siguiente, entre toma y toma, me agaché bajo la mesa y escupí las alubias (creo que eso es lo que eran) en mi mano.

Supongo que nadie de Banquet Foods se quejó,

* la que más tarde me ayudó a componer *I Miss you* sobre mi abuelo.

porque, poco después de aquello, mi nueva agente pidió a mis padres que me grabaran en cinta para la siguiente película que iba a dirigir Tim Burton, llamada *Big Fish*.

Pescando un pez grande

Poco después del anuncio de Banquet Foods, volvimos de Tennessee a Toronto, donde pasábamos todo el tiempo intentando desesperadamente calentarnos. Vivíamos sobre un lago. El lago estuvo congelado casi todo aquel año. Hacía tanto viento que, cada vez que salíamos a pasear, pensaba que la pequeña Noah saldría volando. Nos estábamos congelando. Pero la idea de *Big Fish* sin duda me calentó.

Big Fish tenía un gran presupuesto. Era una película dirigida por Tim Burton, protagonizada por Ewan McGregor, Jessica Lange, Albert Finney, Danny DeVito y otro montón de actores famosos. La película se estaba rodando en Alabama. Cuando nos llamaron para decirnos que me habían dado el papel, nos informaron de que tenía que estar allí dos días después.

¡¡vaya!!

Mamá ni siquiera se inmutó. Dijo: «¡Alabama, allá

vamos!» (Mamá debía de estar bastante desesperada por ir a algún lugar más cálido, porque en el momento de colgar empezó a colocar toda nuestra ropa dentro del coche.) Papá dijo: «¡No puedes ir conduciendo hasta Alabama! ¡Estás en Toronto!» Pero mamá estaba demasiado ocupada fantaseando sobre la soleada Alabama. Sin pensárselo dos veces, dijo: «Sí, claro que podemos. Esta noche cruzaremos la frontera.»

Mamá, Braison, Noah, nuestra canguro, A.J., y yo partimos aquella noche para realizar un viaje de catorce horas hasta Nashville. ¿Cómo se mantiene entretenidos a tres críos de menos de doce años en un viaje de más de veinte horas? Respuesta: con un reproductor de DVD. Mamá estaba contra los reproductores de DVD en el coche hasta que empezamos a hacer esos largos viajes de norte a sur y viceversa. Aun así, deberían darle el Premio a la Madre del Año por no habernos tirado a la cuneta.

En cuanto llegamos a Nashville, mamá y yo dejamos a A.J. y mis hermanos en casa, descargamos nuestra ropa de clima frío de Canadá, cogimos pantalones cortos y camisetas y continuamos nuestro camino directamente hasta Alabama.

La película se rodaba en un pueblecito minúsculo

en medio de la nada. Y viniendo de mí, eso es mucho decir. Llegamos a nuestro hotel tarde por la noche y... vaya. Era el hotel más cochambroso de la historia. Había policías rondando por fuera (algo acababa de caerse) y dentro estaba sucio. Mamá llamó a papá, presa del pánico. Él le dijo: «Aguantad esta noche. Mañana ya lo arreglaremos.»

A la mañana siguiente, descubrimos el único aspecto positivo de aquel hotel infernal: estaba relacionado con la cadena Waffle House, que hace gofres. A mamá y a mí nos encantan los gofres. Pero no lo bastante como para quedarnos. Nos mudamos a un hotel mejor. Justo después del desayuno.

En la película, yo interpretaba a una niña llamada Ruthie que estaba con un grupo de niños que se colaban en casa de una bruja para mirar en su bola de cristal. Ruthie era una niña sureña, santurrona y con zapatitos de charol, de esas que pide a los niños que no digan palabrotas. Parece bastante sencillo, ¿verdad? Lo que ni mamá ni yo habíamos tenido en cuenta era que la casa de la bruja estaba en una ciénaga. Una ciénaga fría. Una ciénaga fría y húmeda. Una ciénaga fría, húmeda y *llena de bichos*. Y hacía semanas que llovía. En nuestra apresurada huida de Canadá, ni siquiera nos habíamos parado a comprobar qué tiempo hacía. Digamos que no llevábamos en las maletas nada para el frío, la humedad ni los bichos. Y por supuesto, nada para una ciénaga.

Me habían convocado tarde porque se suponía que mi escena tenía lugar en una noche oscura y espeluznante. Lo primero que vimos cuando llegamos a nuestro remolque fueron fotos de tamaño póster de serpientes, arañas y otras criaturas que vivían en la ciénaga. Había un letrero que decía: ¡ALERTA CON ESTAS CRIATURAS! TODAS SON MUY PELIGROSAS Y ESTÁN JUSTO AQUÍ, EN LA CIÉNAGA, ESPERANDO PARA ATACAR A CUALQUIERA QUE HAYA VENIDO DESDE TORONTO Y SÓLO HAYA TRAÍDO PANTALONES CORTOS Y CAMISETAS. ¡¿EN QUÉ ESTABAIS PENSANDO, TONTAS?! Así es como yo lo recuerdo, al menos. Estaba fuera de mis casillas. ¿En serio? ¿Bichos? ¡Tan poco fiables! ¡Tan espantosos! A mí, los bichos *no* me van.

Como ya he dicho, la ciénaga era húmeda y fría. Había hierbajos que nos llegaban a la cintura. Estaba convencida de que la araña reclusa marrón del póster iba a perseguirnos y atacarnos. Mamá me dijo: «Miley, ¿estás segura de que quieres hacerlo?» ¿Después de hacer todo el camino en coche desde Toronto? Vaya que sí, por supuesto que iba a hacerlo. Pobre mamá. Nuestra granja es una cosa, pero mamá no es muy partidaria de las actividades al aire libre. No se lo estaba pasando bien.

Yo tampoco es que estuviera pasando el mejor rato de mi vida, pero ya sabía que el mundo del espectáculo no es siempre un camino de rosas. Recuerdo haber visto a papá en el plató de *Doc* un día en que en la calle hacía realmente mucho frío. La gente empezaba a congelarse. Papá es un hombre hecho y derecho, pero hacía tanto frío que tenía los ojos llenos de lágrimas. Tenían que rodar la toma. No sólo eso, sino que papá tenía que sentarse junto a una fuente poniendo cara de estar disfrutando. Recuerdo que pensé: Rayos, no sé si yo podría hacer eso.

Y aquí estaba ahora, en el plató de una gran película. Un poco de frío. Un poco de humedad. Muchos nervios, con muchísimo tiempo para estar sentada esperando. Nos decían cuándo podíamos comer, y nos decían cuándo podíamos ir al baño. No era glamuroso ni por asomo. Y ésa es la realidad sobre el mundo del espectáculo. Ves muchos momentos glamurosos en las revistas, pero, en su mayor parte, el mundo del espectáculo consiste básicamente en trabajar duro y tener pocos momentos de glamour. Aunque, ¿sabéis qué? ¡Que no lo cambiaría por nada!

Sin duda me había picado un bicho: el gusanillo de actuar.*

* ¡Lo siento! ¡No he podido resistirme!

Con bichos o sin ellos, ansiaba hacerlo realmente bien en mi escena. Trabajaba para Tim Burton. Si le gustaba, tal vez me llamaría para otra película. Recé para hacerlo bien y estaba superconcentrada. Al principio. Pero cuanto más tarde se rodaba, más desconcentrada estaba. No podía estarme callada. Y cuando me pongo a hablar, no hay quien me pare. Me empezaba a molestar a mí misma. Aunque, por suerte, un plató de cine no es lo mismo que un colegio. Mi bocaza y yo seguimos adelante sin que nadie nos detuviera. En cuanto a la llamada de Tim Burton, todavía la espero.

De vuelta a Nashville, fuimos a ver la película cuando se estrenó. Toda mi familia se levantó a aplaudir cuando salí en pantalla. Me encantó. Mamá me compró el póster de *Big Fish* y lo colgué en mi habitación.

Después de eso, volvieron a llamarme pero no me cogieron para la película *Las aventuras de Sharkboy y Lavagirl* (aunque al menos conocí a Taylor Lautner en el casting, y desde entonces somos amigas). Luego volvieron a llamarme, pero nuevamente me rechazaron para la serie de televisión *The Closer*. Hubo otro casting (que fue tan penoso que mi memoria se ha bloqueado para recordar para qué película era). Lo único que recuerdo es que, mientras hacía la prueba para cierta película protagonizada por Shirley Mac-Laine, una de mis actrices favoritas, los directores de casting estaban llamando por teléfono y no me hacían ni caso. Salí berreando. **Cuando me ocurría algo así, mi hermana Brandi siempre me decía: «Las mentes positivas hacen cosas positivas.»** Así que adopté esa actitud y seguí adelante.

Mamá veía por lo que estaba pasando y me decía: «Cariño, esto es muy duro. ¿Cómo has encajado que no te cojan?» Pero mis padres me habían educado para ser fuerte. Simplemente volvía a casa y a mi equipo de animadoras. No lo consideraba un fracaso, sino una parte de mi camino hacia el éxito.

Así que ya veis que no exagero cuando digo que, cuando empecé *Hannah Montana*, había hecho *Doc*, un anuncio y *Big Fish*. Y punto. Ah, y también aquel papel de anciana con la peluca. No es de extrañar que en Disney dudaran de mí. Pero yo no. Todos esos momentos, desde la granja hasta la ciénaga, me han llevado al presente. Me había mojado el dedo gordo del pie en el agua y sabía que quería nadar.

"Big Fish"... nadar. ¿Lo pilláis?

El Príncipe Azul

Hannah Montana sólo llevaba en antena unos pocos meses cuando fui a un acto benéfico de la Fundación SIDA Pediátrica Elizabeth Glazer. Recuerdo la fecha exacta: el 11 de junio de 2006. Fue el día en que conocí a mi primer amor, al que llamaré Príncipe Azul. No quiero utilizar su nombre porque no se trata de saber quién es él ni de lo que signifiqué para él. Se trata de cómo me sentí y de lo que significó para mí nuestra relación. ¿Sabéis lo que quiero decir?

Así que allí estábamos, en aquel acto benéfico, y yo no sabía nada del Príncipe Azul excepto que una amiga me había dicho que yo le gustaba. Se acercó hacia mí con un grupo de amigos y se presentó. En ese momento deseé que desaparecieran todos y quedarme a solas con él. Empezó a estrecharme la mano y yo le dije: «Yo nunca estrecho la mano. Prefiero los abrazos.» Cuando me abrazó, noté que su camisa rascaba y le espeté: «No me gusta nada tu camisa.» Así que eso fue casi lo primero que le dije: «No me gusta nada tu camisa.»

Fue un flechazo instantáneo, y entonces, ¿qué hice? ¿Mantuve la calma? ¡No! Le pedí que cantara en el karaoke conmigo y apuntamos nuestros nombres para cantar *Quiero ser como tú*, de *El libro de la selva*. Habría sido una canción divertida y tonta para cantarla juntos. Pero cuando llegó la canción no le encontré por ninguna parte, así que tuve que cantar sola en el karaoke. Diré simplemente que la gente se reía *de mí*, no *conmigo*.

Más tarde, esa noche sus amigos y él salían y me invitó a acompañarles. Mamá dijo que no quería que saliera hasta tarde (supongo que tenía un día ajetreado al día siguiente), de modo que le pedí si podía ir sólo un rato. Me contestó que de acuerdo. Así que Brandi y yo terminamos saliendo a cenar con el Príncipe Azul y sus amigos. Recuerdo que estuve una eternidad para vestirme, pero, cuando finalmente bajé las escaleras, llevaba una sudadera. No quería que se notaran excesivamente mis intenciones. Aunque os aseguro que era la sudadera perfecta.

¡Me gustaba y quería estar mona!

Después de aquella cena, hablamos por teléfono. Él me preguntó por mis creencias religiosas. Yo le

160

dije: «Soy una cristiana convencida.» Él respondió: «Así es como nos consideramos también en mi familia.» Pensé que se trataba de una señal.

Aquella noche estuvimos hablando por teléfono hasta las cuatro de la madrugada. Y, así tal cual, me enamoré locamente. **Sentí que el mundo se había parado. No importaba nada más.** Sé que sonará tonto, pero mi familia no pone normas respecto al amor. Mi abuela conoció a su marido un lunes y el viernes se casaron. Estuvieron juntos veintisiete años. Mamá no cree que exista algo como ser demasiado joven o demasiado ingenua para enamorarse. En mi familia, te enamoras y ya está. Nadie lo calificó de amor adolescente ni se burló de mí. Él era realmente mi Príncipe Azul, y lo supe enseguida. Tendríais que haber visto la sonrisa ñoña en mi cara cuando colgué el teléfono aquella primera noche. Me derretía de gusto. Me dormí sujetando el auricular del teléfono junto a mi mejilla, como si con eso le mantuviera cerca de mí.

Desde el principio mismo nos hicimos íntimos. Nos pasábamos el rato hablando. Él vivía en la Costa Este, pero a veces volaba a Los Ángeles, y yo le veía siempre que iba a Nueva York. Luego él se mudó a Los Ángeles, a una casa (atención) a pocas manzanas

de la mía, y todo se volvió más intenso y más divertido. De repente, éramos vecinos. Todo parecía tan natural y tan fácil... Él me pedía que pasara a las cinco
de la mañana a saludarle antes de ir a trabajar, y yo
bajaba la calle andando. Al principio, cuando teníamos trece años, jugábamos al baloncesto en el patio
de mi casa o a la Nintendo de su casa. Su familia siempre preparaba comida italiana, deliciosa, para cenar.
A mí me encanta ir en bici, y él caminaba a mi lado
mientras yo pedaleaba, cantando *My Girl*.* Pero en
vez de «mi chica», él decía «Miley, estoy hablando de
Miley».

    ¡Uf! Estaba tan enamorada... ¿Sabéis de qué estoy
hablando? Era ese tipo de amor en que no importa
para nada si brilla o no brilla el sol. Ese tipo de amor
del que dan ganas de tirarse a la piscina en invierno.
Ese tipo de amor del que dan ganas de bailar bajo la
lluvia. (¿A quién quiero engañar? Vivo en Los Ángeles, aquí no llueve nunca.) Fue el viaje más mágico de
mi vida (era un frenesí total).

* de The
Temptations.

Mi turno

Tal vez pensaréis que el Príncipe Azul me distraía de mi trabajo, pero en realidad era más bien lo contrario. Estaba enamorada, y tenía mucho que contar sobre eso (lo que era positivo, porque tenía que escribir todo un álbum de canciones, y de inmediato). El primer álbum de Hannah Montana había salido justo después de la gira con las Cheetah Girls, y enseguida empezamos a planificar el segundo. Pero ese álbum iba a ser diferente, no sería simplemente una banda sonora de la serie de televisión. Ese álbum contendría dos discos: uno en el que interpretaría canciones de la serie como Hannah Montana, y otro llamado *Meet Miley Cyrus* [*Os presentamos a Miley Cyrus*], en el que me presentarían como cantante y compositora por derecho propio. Era una novedad absoluta.

No era ninguna novedad que yo quisiera cantar. No puedo señalar con precisión un momento concreto en que descubrí o decidí que la música era una de mis vocaciones, pero el deseo siempre estuvo allí. A veces ardía con más intensidad. Venían vientos y tormentas emocionales que lo inflamaban, lo convertían en un incendio. A veces parecía peligroso desear algo tanto, y a veces parecía el sentimiento más sencillo y natural del mundo.

Papá siempre cuenta que yo ya cantaba antes de aprender a hablar. Soy la hija mediana, con hermanos mayores y más pequeños que yo. Los mayores son responsables. Los más pequeños son adorables. Yo, que estoy en el medio, canto y bailo y, en general, lo convierto todo en un gran espectáculo de un tipo u otro, en un interminable esfuerzo de llamar la atención. Yo me ponía las botas de vaquero, Braison se ponía sus Reebok, y bailábamos. Casi cada vez que venía un adulto a casa, lo arrastraba a una habitación, donde le cantaba y le bailaba y montaba mi número. Si a mis padres les desaparecía un invitado, siempre sabían que tenían que seguir el sonido de mi voz. ¿Os preguntáis por qué hacemos vídeos de YouTube con mi amiga Mandy? Para no aburrirnos, para salvarnos, para echar unas risas y por el ansia interminable de una hija mediana de ocupar la pista central. Por mucha fama o éxito que llegue a tener, en el fondo siempre seré una hija mediana con ansias de llamar la atención.

Aunque lo de cantar y actuar no sólo es para llamar la atención. Siempre he respondido impulsivamente ante el arte. Si oigo una canción triste, no siento pena por el cantante. No siento compasión, sino que más bien hago mía la tristeza del cantante. Se convierte en una parte de mí, de quien soy. Si una canción triste me emociona, puedo estar triste durante semanas. Oigo la canción *The Rose*, de Bette Midler, y es una canción llena de tanta tristeza y esperanza que me embarga. O una canción funk que dice: «Sé que últimamente has sentido melancolía», y la palabra «melancolía» me toca la fibra sensible, me llega al corazón, me habla, y no puedo evitar reaccionar. Mi hermana pequeña es igual (le afecta profundamente una canción triste o una película triste). Nacimos con eso. Hay algunas canciones que te cambian la vida.

Esto se ha convertido para mí en el impulso de hacer obras que afecten a la gente. Y no hablo sólo de escribir música triste. No es que me diga: «Hummm, voy a escribir una canción que ponga triste a todo el mundo. Eso es precisamente lo que el mundo entero necesita ahora mismo, un poco más de oscuridad.» Me refiero a algo más profundo. Crear arte tiene que ver

A veces el estar triste por semanas no es ideal.

con conectar. Miras una foto de los años cincuenta y de repente te sientes conectado con esa época, ese lugar y ese espíritu. Ves una foto de una playa y te inundan los recuerdos del verano. O ves un cuadro de París y te transportas a la fantasía de una vida que nunca has vivido. El motivo por el que nunca quiero que se acabe un libro es porque siento que los personajes son mis amigos, y les echaré de menos cuando ya no estén.

La música (y demás formas de arte) provocan lo mismo. Pueden inspirarte, llevarte al futuro, frenar tu orgullo, tumbarte, reconfortar tu alma, cambiar tu vida. Yo quiero hacer este tipo de música. El arte es un regalo para los demás. El objetivo del arte es sumergir a la gente en las emociones.

> *Si eres capaz de sintonizar con una emoción o experiencia que sea universal, y dibujarla o cantarla o escribirla para que otra gente la reconozca y se identifique con ella, entonces toda la gente a la que has conmovido se une en tu comprensión, y el mundo es un lugar más pequeño y amistoso.*

No hace falta decir que quería que el disco *Meet Miley Cyrus* fuera auténtico (que lograra esa conexión con la gente que lo escuchara). Estábamos empezando a rodar la segunda temporada de *Hannah Montana*. Siempre cuesta encontrar el momento apropiado para escribir canciones, pero si añadimos el hecho de grabar una serie de televisión... Una hora es una cantidad decente de tiempo para trabajar en una canción que ya he empezado, pero la mayoría de las veces sólo puedo empezar una nueva canción cuando no ocurre nada. Así que después de cenar, en los viajes en avión, siempre que pudiera coger un tiempo que pareciera ilimitado, aprovechaba para trabajar en las nuevas canciones. Luego entré en el estudio con algunas canciones escritas y algunas que todavía trataba de terminar.

En esa época, el Príncipe Azul y yo llevábamos ya casi un año juntos, y las cosas iban mayoritariamente bien. De modo que muchas de las canciones de *Meet Miley Cyrus* eran canciones para y sobre él. Solía llamarle cada noche y le decía: «¡Te he escrito una nueva canción!» La gente podría preguntarse cómo podía escribir tantas canciones sobre un chico, pero yo sabía que podía escribirle tropecientas mil canciones. De hecho, ahora que lo pienso, la mayoría de las canciones de aquel álbum hablaban del Príncipe Azul.

Tampoco me malinterpretéis. La relación no era perfecta. Pero me recordaba mucho a la granja, y a cómo todo es tan tranquilo allí. Sí, hay tormentas, pero incluso las tormentas parecen algo natural, como parte de lo que tiene que ser. Siempre querría que se me llevara una tormenta. Por otra parte, a veces querría tener días interminables de cielo azul.

En algún momento, decidimos que necesitábamos darnos un respiro. Yo creía que era la ruptura definitiva. Tenía el corazón tan partido que escribí *Girls' Night Out* [*La noche que salen las chicas*] para hacerme sonreír a mí misma. Pero inmediatamente después escribí *Right Here* [*Aquí mismo*] para tocársela a él y decirle lo mucho que le quería. Para decirle: **Pase lo que pase, estaré allí para ti. No importa dónde estemos en la vida.** Y luego, algunas de las canciones del álbum, como *Clear* [*Claro*], son las que considero de «prerruptura», donde imagino cómo sería el hecho de cortar y lo mucho que me fastidiaría, digamos, asumir esa emoción.

Los fines de semana hacía un hueco en mi agenda, siempre que podía, e iba al estudio de grabación. Trabajaba una canción en casa y luego la cantaba un rato para ver qué tal sonaba, haciendo algún cambio aquí y allá. Antes de gastarla, la memorizaba y la grababa. A veces, para que el arte funcione como Dios manda, por muy personal que sea, tienes que contar con la ayuda de otra gente. Si hay una persona a la que puedo confiar mi música, ésa es mi productora Antonina. Es la chica de mis sueños, mi modelo a seguir. Cuando acudo a ella con una historia y con trozos de una canción, entre las dos podemos moldearla para convertirla en una auténtica canción, y sé que nunca le dirá a nadie dónde empezó, qué significaba y cómo evolucionó. En cuanto había grabado mi parte, el resto de productores trabajaban en las canciones, añadiendo efectos de sonido e instrumentos. Luego iba recibiendo versiones, oía cada canción una y otra vez hasta que todas quedaban tal como las queríamos.

Tras tres o cuatro meses de visitas al estudio, ahí estaba mi primer álbum que representaba tal como era. Bueno, la mitad de un CD doble, de todos modos. Hannah todavía me representaba. Era Hannah la que hacía que se vendieran tantas copias del álbum. Pero, si alguna vez me preocupaba que todo mi éxito se debiera a Hannah, pensaba, ¡un momento! ¡Hannah soy yo! Me esforcé mucho para ser ese personaje y hacerlo mío. Así que no se trataba de que Hannah me representara. Nos llevaba a las dos.

¡Si es que eso tiene algún sentido!

7 artistas a los que admiro

1. Beethoven
2. Picasso
3. Stevie Wonder
4. Celine Dion
5. John Eldredge
6. Antonina Armato
7. Metro Station

Dime si puedes ver

Aquella primavera, me invitaron a interpretar el himno de Estados Unidos en la Búsqueda del Huevo de Pascua de 2007 en la Casa Blanca. ¡La Casa Blanca! No puedo negar que estaba emocionada, aunque sorprendentemente no estaba nerviosa. El miedo y la ansiedad que antes sentía en los castings y en mis primeras actuaciones habían desaparecido. Se me habían ido con el tiempo. Creo que a todo el mundo le acaba sucediendo. Te das cuenta de que tienes una vida (y que tienes que vivir plenamente los momentos que tienes). No puede haber lugar para los nervios.

Mi madre, mi abuela, mis bailarines y yo volamos a Washington expresamente para ese acontecimiento. Hacía frío para ser abril, así que le tomé prestado un conjunto a una de mis bailarinas, Jen, cuyos vestidos tienen tantas lentejuelas como los míos. Laura Bush (exacto, chicos, la anterior Primera Dama) me presentó. Y luego canté en el mismo balcón desde el que el presidente pronuncia sus discursos. (¿A que molaría que después de cada discurso del presidente saliera un cantante a dar marcha? Es decir, primero está el Estado de la Unión y luego salgo yo cantando. ¡Eh, dejadme al menos fantasear!)

Cuando acabé de cantar, bajamos las escaleras hasta el lugar donde pululaban un puñado de niños, Clifford, el Gran Perro Rojo (o al menos una persona disfrazada como tal), y algunos políticos importantes. Hice incluso algún *flic flac* en el Jardín Sur.

Esto es algo que me gustará contar a mis nietos.

La Búsqueda del Huevo fue sobre la época en que escribí *Girls' Night Out* [*La noche de la despedida de las chicas*], que hablaba de que el Príncipe Azul y yo nos habíamos dado un descanso. Éramos jóvenes y vivíamos vidas extrañas.

Pero va y resulta que él también estaba en la Búsqueda del Huevo. **En cuanto vi al Príncipe Azul, mi corazón dio una voltereta.** (Aquel día di muchas volteretas, reales y metafóricas.) No importaba cuánto nos hubiéramos peleado, lo que nos hubiéramos dicho, lo difícil que podía ser o si nos habíamos tomado un «tiempo». En mi corazón no había dudas. Volvíamos a estar juntos. O nunca habíamos cortado. El caso era que todo iba bien en el mundo.

7 cosas que me gustaría cambiar del mundo

1. acabar con el hambre en el mundo

2. personas sin techo y sin la comodidad de una cama y una familia que les esperen en casa

3. anuncios indecentes en Internet

4. el bullying

5. que no todo el mundo tenga agua potable

6. la asquerosa comida inorgánica llena de hormonas y productos químicos

7. que haya PAZ ☮

Sé que hasta ahora he vivido algunos momentos bastante extraordinarios. Pero *jamás* olvidaré aquel día: cantar en la Casa Blanca, presentar a Laura Bush a mi abuela, y volver a enamorarme.

Dar la cara

O sea que así estaba yo. Tenía un trabajo de ensueño. Tenía grandes amigos y una familia. Mis puntuaciones de Guitar Hero* iban mejorando. Todo iba bien.** Y entonces, de repente, ya no iba bien.

Una mañana no podía levantarme de la cama. Era casi el final de la segunda temporada de *Hannah Montana*. Estaban pasando muchas cosas. La serie había tenido tanto éxito que Hannah Montana había pasado de ser un personaje a ser una marca. Había una gira a la vista, los álbumes, prensa, promociones, actos de caridad y fiambreras. No me habría sorprendido entrar en el baño y encontrar papel de váter de Hannah Montana. (Aunque no estoy del todo segura de qué habría hecho exactamente con él.) Suena emocionante, y lo era, pero en cierta manera yo estaba fuera de todo aquello. Los ejecutivos de Disney tomaban las decisiones importantes sobre Hannah. A

* Bueno, seguía atascada en Difícil, pero al menos me lo pasaba bien.

** No, genial.

mí sólo me decían dónde tenía que ir y cuándo tenía que estar allí. En el plató, después del trabajo, los fines de semana, iba a todo gas. Y sin duda eso me pasó factura.

Me gustaría decir que fue el agotamiento o la presión de la fama reciente, pero no fue por eso que no podía levantarme de la cama aquella mañana. La verdad era que no podía levantarme de la cama porque mi piel tenía un aspecto horrible. **No me creía guapa. Y nada podía cambiarlo.**

Maquillaje. ✓
Estrés. ✓
Dormir poco. ✓
Catorce años. ✓
Que se burlen
de una en
Internet. ✓

Papá había tenido la piel fea de adolescente, y la mía había empeorado lentamente a medida que avanzaba la temporada. Estoy segura de que tanto maquillaje no ayudaba. Y si el espejo no me estaba enviando un mensaje lo suficientemente alto y claro, la gente empezó a hacer comentarios en la Web.

La belleza es el enemigo. Tratamos de conquistar el hecho de no sentirnos guapas toda la vida. Es una batalla que no podemos ganar. No existe una definición de belleza. El único modo de conseguir la belleza es sentirla desde el interior sin descomponerla en atributos físicos individuales.

¿Cómo podía presentarme en el trabajo? No podía permitir que me filmaran con ese aspecto. ¿Cómo iba a salir a la calle? No podía permitir que algún fan me fotografiara. Suelo ir al gimnasio por las mañanas. Pero, ¿cómo podía enfrentarme a todos esos espejos?

Ya no podía soportarlo. No eran sólo los granos. Creía sinceramente que yo no tenía nada en especial. Me negaba a levantarme. No podía moverme. Pasaron horas. Hasta que fueron las dos de la tarde y se suponía que tenía que estar en el estudio para trabajar. Mamá había ido pasando a verme, y a esa hora ya me estaba amenazando, diciendo: «Llamaré a tu padre, y tendrá que coger un avión para regresar a casa.» Quería hacerme salir de mi dormitorio para volver al mundo real, hacerme salir a la luz del día. Pero no era tan sencillo.

Si me lo preguntas no creo
que pueda explicártelo.
Mi corazón conoce la verdad
pero no se la ha dicho a mi cerebro.
A veces desearía poder salir volando
porque no sé cuánto más podré quedarme.

Finalmente, mamá me hizo ir a trabajar aquel día, aunque la oscuridad no desapareció. Me veía con maquillaje, o en fotos retocadas en las revistas, y veía esa versión mejorada y perfecta de mí misma. Luego me miraba en el espejo y veía la realidad. ¿Sabéis que todas esas revistas están adulteradas, que ninguna de las modelos o las famosas o las estrellas que salen tienen tan buen aspecto en la vida real como el que tienen una vez vestidas, peinadas, maquilladas y retocadas? Pues si alguna vez os encontráis deseando estar tan guapas como Miley Cyrus en alguna foto (y no soy tan vanidosa como para dar por sentado que lo deseéis), recordad esto: Miley Cyrus no es tan guapa como Miley Cyrus en esa foto. Os lo puedo asegurar. Me obsesioné con mi aspecto. Me quedaba horas mirándome en el espejo, odiándome a mí misma por fuera y por dentro. Si todas las miradas estaban puestas en mí, ¿por qué tenía que presentar aquel aspecto?

Empezó con mi piel, pero la cosa fue creciendo como una bola de nieve. No me gustaba mi aspecto, ni mi cuerpo, ni mi personalidad, ni nada de mí misma. ¿Por qué Dios me tenía que hacer eso? Ya lo sé, ya lo sé, soy muy dramática. Unos cuantos granos tampoco me convertían en el santo del libro de Job. Pero perdonádmelo. Todavía soy una adolescente.

En mis mejores días, sé que las cosas superficiales no deberían importarme. Sé que se supone que debo verlo todo en perspectiva. Pero eso no significa que sepa hacerlo todavía.

7 cosas que me gustaría cambiar de mí misma

1. lo escandalosa que soy
2. mis cabellos crespos
3. mi piel fea
4. mi amor por los bizcochos
5. las uñas de mis pies
6. mi manera de sincerarme
7. mi risa con resoplidos

Como mínimo teníamos que arreglar lo de mi piel. Así que fui a un dermatólogo. Tenía grandes esperanzas. Supuse que si estábamos en Los Ángeles, los médicos debían de tener todo tipo de fórmulas mágicas para hacer que los actores y actrices tengan instantáneamente un aspecto perfecto. Pensaba que, digamos, me retocarían en la vida real con algún barniz especial que me duraría hasta los veinte años. Pues nada de eso.

Si alguna vez habéis tenido acné, sabréis que no existe ninguna solución instantánea. Salí de aquella consulta más deprimida de lo que estaba al entrar. Mamá trató de razonar conmigo. Dijo: «Cada día, cuando te levantas, te toca tomar una decisión. Puedes decidir estar enfadada con el mundo, o puedes decidir que eso no va a afectarte. No vas a tener este problema siempre. Estamos trabajando en ello. Pero, mientras, tienes que recordar que hay cosas mucho peores en el mundo.» Sé que mamá aprendió esta forma de vivir de mi abuela. Mi abuela siempre dice: «Todas las cosas funcionan juntas para que salgan bien.» Pero esta vez puse los ojos en blanco. Claro que había cosas peores. Ahora yo era fea *y* estaba obsesionada conmigo misma. Pero mamá continuó: «Sé que eso no te hace sentir mejor, pero tienes la opción de decidir cómo te vas a enfrentar a las cosas todos los días. Puedes estar enfadada y disgustada. O puedes decirte a ti misma que tienes acné como toda la demás gente.» Yo escuchaba lo que me decía, pero las palabras simplemente flotaban a mi alrededor. No podía (*no quería*) asumirlas.

El final de aquella temporada fue una época deprimente y difícil para mí. No hablaba con nadie en el plató, estaba intratable, llegaba tarde. La realidad es que no hablé de ello con casi nadie. La mayoría de la gente no sabía lo hecha polvo que estaba, aunque, en un momento dado, el ayudante de dirección de la serie me preguntó: «¿Dónde está Miley? Ésta no es nuestra Miles.» Tenía razón. No era yo. Normalmente no me obsesiono con los pensamientos que me hunden, pero esta vez no podía deshacerme de ellos.

Cuando el ayudante de dirección se me acercó y me preguntó cuál era el problema, le hablé de mi piel (aunque eso no era todo), y él me habló de su propia lucha contra el acné. Yo miré alrededor y se me ocurrió que todo el mundo tiene un historial lleno de obstáculos. Sabía que no era la única adolescente con acné, y también comprendí que la gente sobrevive al acné. **Lo aceptas. Y sobrevives. Creces y haces carrera. Y recuerdas esas pequeñas o grandes penalidades. Te hacen persona.** Hablé con el ayudante de dirección, con mamá, y ninguna de esas conversaciones supusieron una cura mágica, pero lentamente conseguí seguir levantándome de la cama. Era lo mejor que podía hacer.

Cuando terminó la temporada, estaba más ocupada que nunca. Me encontraba a punto de salir de gira y no tenía tiempo para pensar. Siempre estaba bailando, sudando, trabajando hasta tarde. La distracción me ayudaba. Pero cuando llegaba a casa, y ya no había distracciones, el odio hacia mí misma volvía a apoderarse de mí. Perdía la perspectiva.

La niña más afortunada del mundo

La pérdida de perspectiva no era sólo por mi piel. Estaba recibiendo muchas atenciones, incluso para una hija mediana como yo. Eso me afectaba. Era egocéntrica y me sentía infeliz. Sabía que había problemas más graves que los míos, pero no podía ver más allá de mis propias preocupaciones. Me comportaba como una mocosa. El estrellato me había cambiado. Ya no era Miley. Ahora era Hollywood. Algo *tenía* que cambiar.

¿Recordáis que os había contado que cuando yo era niña papá iba directamente de sus actuaciones a dar las flores y regalos que recibía al hospital infantil más cercano? Bueno, pues lo hacía siempre. Yo crecí visitando hospitales con papá. Cuando empecé a trabajar en *Hannah Montana*, me aseguré de seguir haciéndolo. Aquellos niños no tenían demasiados motivos para sonreír. No podían hacer nada por cambiar su situación. Estaban enfadados, y no podían echarle la culpa a nadie. No tenían ningún alivio para sus enfermedades y frustraciones. Pero muchos de ellos eran seguidores de la serie, y me di cuenta de que mientras la miraban, durante esos treinta minutos, estaban distraídos de su dolor, tal vez incluso felices.

Cuando salió el segundo disco, *Meet Miley Cyrus*, yo seguía desanimada, deprimida y llena de odio contra mí misma. Entonces fui a un hospital infantil para darles a todos mi nuevo CD. Niños que no habían sonreído desde hacía mucho tiempo sonrieron. Una niña pequeña que arrastraba un balón de oxígeno se me acercó. Tenía que ir a una nueva sesión de quimioterapia. No tenía ni un pelo en la cabeza y le quedaba poco tiempo de vida. Cuando le di mi CD, dijo: «Soy la niña más afortunada del mundo.» Se me hacía tan difícil mirarla... Se estaba muriendo delante de mis ojos.

El cáncer infantil es algo que me resulta imposible de entender. Mi abuelo era un hombre grande y fuerte, pero el cáncer le hizo llorar, y mi abuelo lloró. Sé que sufría más dolor del que tendría que sufrir nunca una persona. **Imaginar a una niña soportando ese dolor... Tener una enfermedad cuando tendrías que estar jugan-**

do, disfrazándote de princesa y saltando a la comba... Una niña pequeña sin experiencia ni recursos para superar la enfermedad... me resulta insoportable.

Si un gesto tan pequeño como una visita y un poco de música pueden hacer feliz a un niño, sin duda quiero hacer este gesto tan a menudo como sea humanamente posible. Cuando voy a visitarles, no quiero marcharme hasta que he hecho reír a todos. Cuando no puedo hacer la visita en persona, llamo por teléfono a los niños del hospital. Cuando no puedo llamar, les envío vídeos. No soy vanidosa. No voy en plan: «Hola, soy Miley Cyrus y soy tan especial que puedo cambiar la vida de los niños.» Pero si este oficio me da algún poder, quiero utilizarlo correctamente. Así que, si puedo hacer que un día sea un poco más luminoso, podéis apostar a que lo haré.

Al salir del hospital, aquel día sentí que la oscuridad desaparecía un poco. Me sentía triste y conmovida y con ganas de rezar por los niños que acababa de conocer. Ver a aquellos niños sufriendo (y sobreviviendo) fue una sacudida. ¿Cómo podía pensar en mis problemas de cutis, y toda mis otras manías, cuando tenía tanto que agradecer?

7 cosas que desearía que fueran verdad

1. pronto habrá una cura para el cáncer

2. vuelve la moda de los 80

3. todo el mundo quiere a todo el mundo

4. soy una buena pintora

5. Johnny cash está vivo

6. se puede rebobinar el tiempo

7. las estrellas predicen el futuro

Pocas semanas después, conocí a Vanessa, una persona que cambiaría mi vida para siempre. Fue antes de un acto de Disney en un hospital de Los Ángeles. Vanessa tenía nueve años y sufría fibrosis quística. La noche que la conocí llevaba puesto un disfraz de Cenicienta.* Aunque se parecía más a Ariel, de *La Sirenita*.** Tenía los ojos verdes, la piel oscura con pecas, y el pelo rojo y reluciente. Le dije: «Estás muy guapa», y ella me respondió: «Tú también», y me dio un fuerte abrazo. Hubo algo especial en aquel abrazo que me conmovió. Era como un ángel. Algo pasó entre nosotras. En ese momento supe que estábamos destinadas a ser amigas. Fue como mi primer encuentro con el Príncipe Azul. Fuimos amigas a primera vista. Estuvimos charlando un rato y, cuando tuve que irme, supliqué a mamá que pidiera la dirección de correo electrónico a su madre para seguir en contacto.

La noche después de la visita al hospital, tuve que acudir al estudio para trabajar en una canción. Sin embargo, cuando llegué allí, no podía ponerme a trabajar. Notaba que las lágrimas amenazaban con derramarse. Fingí no encontrarme bien para poder salir del estudio, porque no quería llorar ante todo el mundo. Simplemente, no podía cantar. La música lo es todo para mí, y me encanta estar en el estudio. Pero lo único que quería era hacer compañía a Vanessa y asegurarme de que estuviera bien.

Tenía muchas ganas de volver a verla, pero mamá no encontraba el correo electrónico de su madre.

* No, Disney no me ha pagado para que escriba esto.

** De hecho, Disney sí que me ha pagado para que escriba esto, pero no me dicen lo que tengo que escribir.

Mamá lo pierde todo. Pierde el teléfono móvil, al menos una vez al día. Así que fuimos al hospital sin saber cómo encontrar a Vanessa. Ni siquiera sabía su apellido. No sabía nada de Vanessa, aparte de que tenía algo especial. En la recepción del hospital no pudieron ayudarnos; llamamos por teléfono a casa, para que papá rebuscara entre las cosas de mamá. Finalmente, apareció el director del hospital, que sí sabía exactamente quién era Vanessa. Nos contó que tenía permiso para volver a casa durante una semana. Así que a la semana siguiente volvimos y le dimos una sorpresa. Soy una extraña mezcla de madurez e inmadurez para la edad que tengo, y Vanessa era como yo. Teníamos una conexión especial, y pronto nos hicimos buenas amigas.

Invité a Vanessa a visitarme en el plató. Ella estaba conectada a una bombona de oxígeno y no paraba de toser. Su madre le daba golpecitos en la espalda para ayudarla a dejar de toser. Me dijeron que Vanessa podría vivir hasta los trece años, o hasta los veinte. Tendría que ir con mucho cuidado con no enfermar. Yo tenía que ponerme una mascarilla cuando estaba con ella. Y cuando quiso tomar prestado el brillo de labios de su madre, ésta le dijo que no se lo podía dejar por riesgo a contraer gérmenes. Vanessa se echó a llorar.

188

«Todas las demás se pueden poner maquillaje», dijo, y yo supe que aquello sólo era la punta del iceberg.

Había estado rezando para que Dios me librara de la vanidad y el egocentrismo. Lo único que tenía que hacer era escuchar las noticias o recordar a los niños enfermos que había conocido para darme cuenta de lo lamentable de mi comportamiento. **Cuando conocí a Vanessa, toda aquella obsesión superficial por mi piel, y toda la oscuridad que había estado sintiendo, desaparecieron.**

21 de septiembre de 2007

Hoy es el último día de la segunda temporada de Hannah Montana. Sí, es el final de un viaje, aunque sólo es el principio de este nuevo camino. Nunca dejaré que mueran mis sueños y me acordaré de lo dichosa que soy cuando escribo. ¡Continuaré creyendo que puedo hacer cualquier cosa y que Jesucristo estará a mi lado en todos los pasos de mi camino!

Nunca olvidaré todo lo que he recibido. Dentro de un mes saldré por primera vez de gira como cabeza de cartel, rodeada de mi familia y amigos. ¡Soy afortunada! ♡

Uno de los regalos que me hizo Vanessa fue la capacidad de tener perspectiva. No ganas de repente perspectiva por que tu madre te diga (amablemente, una y otra vez, pero aun así amablemente) que debes animarte. Tienes que ver las cosas, verlas realmente, sentirlas, vivirlas, para poder saber lo que es grande y lo que es pequeño, lo que importa y lo que hay que dejar a un lado.

No estoy diciendo que todavía a veces no me obsesione por tonterías. Cuando leí en Internet que hay gente que cree que tengo «pantobillos» (que significa pantorrillas + tobillos), casi me da un ataque. Papá dijo: «No pasa nada, cielo. Todas las mujeres Cyrus tienen pantobillos. Es un rasgo familiar. Deberías sentirte orgullosa.» Gracias, papá. Nunca había pensado que tenía los tobillos más finos del mundo. Pero ahora me confirmaban por Internet de que lo de mis fabulosos pantobillos era una evidencia para todo el mundo. Cuando leí el comentario sobre los pantobillos me enfadé tanto que mamá me quitó el ordenador.

Los mayores momentos de inseguridad suceden cuando pierdes toda la confianza en ti misma y sientes que la gente te observa y te juzga. Debería ser al contrario. Deberías sentir que la

gente que te observa se preocupa por ti. Es una
sensación que tendríamos que compartir: la de
las miradas que indican apoyo y no desdén.

Tengo dieciséis años. Tengo mis momentos. ¿Cómo puedes tener siempre perspectiva si no has vivido demasiado? No creo que sea posible. Pero puedes intentarlo. Quiero ser una persona que se centre en lo positivo. Estoy experimentando una vida increíble, y nunca me olvido de sentirme agraciada por ello. Pero trato de acordarme de que esta vida esconde algunos desafíos. Las personas pueden ser malas, o rencorosas, o envidiosas, o resentidas, o criticonas. ¡O sinceramente no les gustan en absoluto mis tobillos y consideran importante expresarlo en un foro público! Lo que sea. Son gajes del oficio, y no cambiaría mi oficio por nada del mundo. Eso es lo que me digo (y lo que me recuerda mamá) cuando me atacan la maldad y la mezquindad. Mantener las cosas en perspectiva requiere trabajo y, como en todo lo que hago, trato de dar el 110 por ciento.

odos los medios,
s los días.

¡Radio Disney!

MTV
STUDIOS

¡Volar con estilo
nunca pasa de
moda!

¡Rumbo al cielo de camino al programa de oprah!

Viajando con estilo a mi concierto de San Diego.

Familia

Haciendo
estiramientos.

¡En la casa Blanca con mis mejores amigas!

⋔ ⋔ ⋔

¡Frente al Arc de Triomphe!

¡Brandi y yo pasando un Año Nuevo alucinante en Times Square!

TELEPHONE TELEPHONE

Mi primer viaje a Londres. ¡Soy toda una turista!

♡ ¡Mi caballo!

¡Mi primer concierto en una cafetería!

Mi abuela Ruthie. ¡Siempre está a mi lado!

¡Gracias al equipo!

calentando antes de un gran concierto (mi coreografía necesita un poco de trabajo.)

Mamá y yo

:)

¡Siempre hay tiempo para hacer el burro!

Esta parte siempre es divertida (caminar bajo el escenario antes de empezar el concierto.)

Scottie

¡Actuar
mola!

XO!

¡Enamorada de la vi

KILÓMETRO TRES

Destrozada
y a la fuga

Conocer, saludar, cantar, dormir

14 de octubre de 2007

Hoy es nuestro primer día de gira (estamos en Saint Louis, los tres próximos días son de ensayos y luego daremos la primera actuación). ¡Estar con mis amigos y con los Jonas Brothers es la bomba! ¡Estoy emocionadísima de empezar y de hacer lo que me gusta junto a gente que ♡! ¡Hoy hemos viajado en un avión superguay (hemos visto a papá y lo hemos pasado bomba!)

♡♡ Miley

En cierto modo, me sentía cómoda con la idea de hacer la gira titulada «Best of Both Worlds». Tras haber ido de gira con papá y con las Cheetah Girls, ya sabía lo que era tener un autobús como campamento base, esperar entre bastidores a que suene la música y oír corear a un estadio lleno de gente. Excepto que esta vez no corearían el nombre de papá, ni el nombre de Hannah, ya puestos... ¡si tenía suerte, corearían mi nombre!

Durante mi primera gira, teloneando a las Cheetah Girls, actuaba como Hannah en todo momento. Esta vez, no sólo era la cabeza de cartel, sino que podía hacer la mitad del concierto sin interpretar un personaje. Tal vez a la gente del público no le parezca tan distinto (quiero decir que la voz que canta las canciones es la misma) pero a mí sí que me parece *muy* diferente.

Hannah tiene un mensaje diferente. Las canciones de Hannah hablan de la sensación de ser una persona famosa cuando en realidad eres una chica normal. Canciones como *Just Like You* [*Como tú*] o *Best of Both Worlds* [*Lo mejor de ambos mundos*] son divertidas de cantar, pero no me siento tan vinculada emocionalmente a ellas. Me concentro en la coreografía y en moverme como se mueve Hannah. En cierto modo me resulta más fácil que ser yo misma, aunque también me cuesta ponerme en la piel del personaje.*

*¡Y llevar esa peluca!

Interpretar mi propia música es la sensación más guay del mundo. Mis canciones hablan de cosas que tienen importancia para mí. Perder a un abuelo. Errores que he cometido en mis relaciones. Cosas que me hacen feliz o me desagradan. Siento como que yo misma conecto más con el público.

Y era un público numeroso. Dejadme repasar rápidamente algunos números. La de «Best of Both Worlds» era mi primera gira como cabeza de cartel. Duró de mediados de octubre de 2007 a finales de enero de 2008. Di 68 conciertos en 59 ciudades diferentes. Cada estadio tenía una capacidad de entre 10.000 y 20.000 espectadores.

Si lo conté bien.

¿Sabíais que en mi país para desear suerte a un actor se le dice «rómpete una pierna»? Pues a la semana de gira, en Salt Lake City, estuve a punto de hacerlo. Había un movimiento durante *I Got Nerve* en que cuatro bailarines masculinos, grandes y fuertes, tenían que lanzarme por los aires y luego, por supuesto, cogerme. Pero aquella noche me lanzaron con demasiado ímpetu, con lo que subí más alto y descendí con más fuerza y velocidad de lo planeado. Los bailarines no estaban listos para lo rápido que bajaba. Atravesé sus brazos y caí sobre el escenario. Por supuesto, esto fue durante la parte «Hannah Montana» del concierto. La parte «Miley Cyrus» del concierto no tenía numeritos de este tipo. No eran muy de mi estilo. El problema era que si Hannah Montana se rompe una pierna, también se la rompe Miley.

Tuve suerte. No me rompí la pierna (por esta vez). Me levanté y, medio segundo después, ya volvía a bailar, aunque no sin antes de oír el grito sofocado del público. Luego hubo un susurro en el estadio mientras todo el mundo se giraba hacia la persona que tenía al lado y le decía: «¡Se ha caído!» Mientras reanudaba la canción, aquellas palabras no dejaban de repetirse en mi cerebro.

¡La vergüenza es lo peor! Es esa sensación de tener el cuerpo paralizado y no saber qué hacer en ese instante preciso. No hay ninguna solución para la vergüenza. Ocurre, y sólo puedes esconderla detrás de tu espalda.

Caerme de esa manera fue mi peor pesadilla. No me dolió, pero pasé mucha vergüenza, y ésa es la sensación que más detesto del mundo. Cambiaron la coreografía para que aquella acrobacia resultara más segura, pero a la noche siguiente estaba muerta de miedo ante la idea de que me volvieran a dejar caer. «No me lo hagáis hacer. ¿Tengo que hacerlo?» Supliqué al director que suprimiera aquella acrobacia de la actuación. Pero no quisieron quitarle al público la energía que contenía aquel número.

Mamá me recordó los tiempos en que hacía de animadora. Tenía razón: cuando haces de animadora no paras de caerte, caes tan a menudo que al final te entrenas para caer bien, y luego vuelves a caerte. Pero nunca te rindes. Pensé en mi entrenadora de animadoras, Chastity, y en lo que habría dicho: «No te golpees con el suelo.» Pero aun así me aterrorizaba pensar que me lanzarían por los aires todas las noches de actuación. Recordé una cita de Ralph Waldo Emerson que leí una vez escrita sobre una taza de café: «Haz lo que te da miedo hacer.» Y eso es lo que hice. Seguí adelante. Y lo conseguí. Ahora, cuando miro hacia atrás, me doy cuenta de que cada día de la gira logré algo nuevo, porque cada día superé mi miedo. El miedo de pasar vergüenza puede contenerme de hacer cosas que quiero hacer. Me agarro a ese recuerdo como prueba de que el miedo nunca tiene que ganar.

Actuaba casi cada noche, lo que resulta agotador, aunque la gira también era algo sencilla porque se repetía la misma rutina cada día.

10 y pico: Despertarse en el autobús

12:30 h: Prueba de sonido

13:30 h: Peinado y maquillaje

15 a 17 h: Bienvenida y presentaciones

17:30 h: Empieza la banda telonera

18 h: Empieza el concierto

22 h: De vuelta al autobús

Todos los días giraban alrededor de la actuación de aquella noche. Pasábamos la mañana haciendo la prueba de sonido y preparándonos, luego tenía «bienvenidas y presentaciones» con amigos de amigos, gente que había ganado concursos, quien fuera. Amo a mis fans, pero las bienvenidas y presentaciones eran diferentes, porque básicamente consistían en recibir a ejecutivos o a otras gentes que querían algo de mí (como entradas para la actuación de esa noche, que nunca tenía). Es duro estar sonriente y amable con desconocidos un día tras otro. Había besuqueos en todas direcciones, y la verdad es que todo parecía un espectáculo, un juego sin reglas, sin ganador ni límites. Por mucho tiempo y energía que les dedicara, siempre había alguien que quería más.

Mis padres siempre estaban a mi lado, por supuesto. Por lo general, no quieren prohibirme este tipo de «presentaciones». Es mi trabajo y quieren que haga lo que crea conveniente. Pero no me puedo dejar absorber demasiado por éste, sentir que tengo la necesidad de satisfacer todas las peticiones, decir que sí todas las veces que me llaman para salir en los medios, conocer a todos los fans, firmar todos los contratos. Supe más tarde por mamá que había decidido que no diera ninguna conferencia de prensa durante la gira. Ni una sola entrevista para periódicos, ni programas de radio, ni apariciones en la tele. Yo me enfadé un poco. Quiero decir que es mi carrera y me gusta participar de esas decisiones. Aunque mamá sabe que me hubiera costado decir que no. Las peticiones que recibo son interminables. La gente aprieta hasta que ya no puedo aguantar más. Soy joven, y la gente lo olvida. Incluida yo. Es imposible hacer feliz a todo el mundo.

En serio, gracias mamá (¡me salvaste!)

Los días de la gira fueron un torbellino de obligaciones. Hacía mi actuación y, luego, por la noche (si no me quedaba dormida antes de apoyar la cabeza en la almohada), mi cabeza no paraba de dar vueltas. Mi hermano Trace estaba en Europa. No tenía tiempo para visitarle. ¿Debía visitarle? ¿Y qué hay de mi hermana? ¿Debía estar preocupada por ella? ¿Debía preocuparme por la serie? ¿Por mis fans? ¿Por mi familia? ¿Me estaba olvidando del cumpleaños de alguien? ¿A qué se supone que debería destinar mis energías? ¿Era una buena persona por ocupar mi tiempo de esta manera? Había muchas personas trabajando en mi gira. Había montones de personas que venían a cada concierto. Era el centro de atención de todo aquello, y no quería hacerlo a ciegas, pasar malos ratos sólo porque algún productor opinara que era una buena idea hacer determinada cosa, o porque iba a ganar dinero, o incluso porque me gusta actuar y quería presentar mi música a la gente.

Papá dice: «No todo el mundo es elegido para ser predicador. Hay diferentes maneras de ver la luz. Si puedes hacer que la gente ría, cante, baile y disfrute en este mundo de oscuridad, es algo fantástico.» Es importante preguntarse uno mismo por qué hace lo que hace y qué busca en general. Yo me lo pregunto a menudo.

En la gira con las Cheetah Girls había actuado para enfermos de cáncer. Jamás olvidaré lo que sentí al saber que niños que no podían ser felices a diario estaban en mi concierto. Me juré a mí misma que siempre actuaría para la gente apropiada y por los motivos adecuados.

Tras conocer a Vanessa, tuve clara una cosa. Llegué a la conclusión de que quería ayudar a los niños que lo necesiten. Para la gira, trabajé con Bob Cavallo y Hollywood Records, una de las compañías que supervisa Bob Cavallo, para dar un dólar por entrada a City of Hope [Ciudad de la Esperanza], un centro de atención a enfermos de cáncer. Hacer que la gente ría, cante y baile es una sensación increíble, pero también quería dar algo tan importante como esperanza a gente como Vanessa. Lo supiera la gente o no, cada persona del público estaba dando un dólar a City of Hope. Estábamos todos unidos en el esfuerzo de ayudar a la gente que sufre cáncer. Cuando nuestra familia se trasladó por primera vez a Los Ángeles, nuestro objetivo era tratar de ser la luz de un mundo oscuro. Ahora lo estaba haciendo. Mientras actuaba en un concierto tras otro, tenía bien fresca en mi memoria la conciencia de que lo que hacía aquella noche iría más allá de lo que todo el público veía o sentía.

A pesar de todas las cosas positivas que ocurrían, cuando estás en la carretera puedes sentirte sola. Nunca estábamos en un lugar más de una noche. Mi «hogar» era el autobús de la gira. Dormía en una cama empotrada. Muchas veces lo único que quería era un descanso, irme a mi casa de verdad. Aunque tenía la suerte de tener a mi familia y amigos a mi lado. Gracias a ellos, podía soportarlo. Trataba de pensar en ellos como si estuviera en mi hogar. ¿No es un dicho, eso también? ¿El hogar es donde tienes el corazón?

Sé que hablo mucho de mis sueños. ¿Y cómo no voy a hacerlo, cuando mi vida ha dado un giro tan drástico, sorprendente y emocionante para bien? La gira era un sueño gigantesco, elaborado, estimulante y agotador, hecho realidad.* Debería haber sabido que algo tenía que ir mal. Es inevitable: los sueños acaban desvaneciéndose o cambiando.

* Excepto esa espeluznante acrobacia de baile.

Las canciones de odio no existen

El Príncipe Azul y yo cortamos el 19 de diciembre de 2007. Fue el día más duro de mi vida. Parecía como si mi vida hubiera dado un frenazo pero el resto del mundo siguiera rodando. Yo estaba de gira. La gente contaba conmigo, pero mi cabeza (no, el corazón) daba vueltas.

Siempre he utilizado determinadas palabras para conectar con la gente, y siempre he sentido que si simplemente dejaba que fluyeran esas palabras, decía lo que sentía, salía de mi corazón y la gente lo entendía. El día antes de terminar la gira, escribí diez páginas por delante y por detrás hablando de por qué estaba enamorada del Príncipe Azul, de cómo le esperaría, de por qué teníamos que estar juntos. Cuando quiero a alguien, le quiero con toda mi alma. Pero cuando el amor ya no está ahí, ¿qué haces?

En el fondo sabía que no estábamos dándonos lo mejor de nosotros mismos. Y eso era lo que yo quería (y creía que merecía) en una relación. Dar lo mejor de mí misma y sacar lo mejor de otra persona.

Pero aun así...

Estaba enfadada cuando escribí *7 cosas que odio de ti*. Quería castigarle, vengarme de él por haberme hecho daño. El tema empieza con una lista de las cosas que «odio», pero yo no sé odiar. Mi corazón sabía desde el principio que se iba a convertir en una canción de amor. ¿Por qué le dedicaba una canción de amor? Porque no le odio. No me permitiré odiar a nadie. No es así como funciona mi corazón. Es una canción sobre cómo debería odiarle, pero no lo consigo, y no sé por qué. Es una canción sobre cómo perdonar pero no olvidar.

eres vanidoso, tus juegos, eres inseguro

Hay una gran diferencia entre saber y sentir. Esto es lo que sé:* sé que tengo «sólo dieciséis años». Sé que la mayoría de la gente, cuando es mayor y vuelve la vista atrás a cuando tenía dieciséis años, piensa: «Hombre, si entonces no sabía nada.» Sé que lo que quiero, lo que espero de un novio, sin duda va a cambiar mucho, porque sé que todavía me esperan muchos cambios. Todo eso ya lo sé. De verdad.

* de momento

7 cosas que me entristecen

1. la muerte de mi abuelo

2. que mis padres nunca sabrán cuánto les quiero

3. que mis caballos estén en Nashville sin mí

4. la gente que no conoce a Jesús

5. los niños con padres que no les dan un beso de buenas noches ni les dicen lo mucho que les adoran

6. que mi hermano esté de gira sin mí

7. el hambre en el mundo

Y esto es lo que siento: **Me cuesta imaginar que nuestro amor es una historia con un final.** Aunque, bueno, al menos estoy sacando algunas canciones realmente buenas sobre el tema.

Otro ángel

31 de octubre de 2007

Son la 1.02 de la madrugada y no puedo dormir tras la dolorosa noticia que he recibido sobre las once de la noche de que a mi mejor amiga, mi heroína, la hermana que Dios se olvidó de darme, mi todo, le han dado 24 horas de vida. No sé por qué pasan cosas así y seguirán pasando (lo único que sé es que tendré a otro ángel que me protegerá, y que se llama Vanessa.)

* ¿Os acordáis? La niña enferma que se parecía a Ariel.

Mi amiga Vanessa estaba muy enferma.* Los médicos dijeron que sólo era cuestión de horas. Pero yo no quería creérmelo. Cuando llamé al hospital con la esperanza de oír que había mejorado, porque eso era lo que quería creer, sus padres me dijeron: «Miley, Vanessa ha muerto.»

No era capaz de asimilarlo. ¿Estaba muerta? Pero

si era tan joven... No podía aceptarlo. ¿Cómo podía haber muerto? ¿Cómo podía decidir Dios que ya había terminado aquí su trabajo? Nunca antes había perdido a una amiga. Estaba destrozada.

Era tarde, de noche. Habíamos parado en una tienda Walmart en medio de la nada. No podía volver a ese autobús. Necesitaba que se pararan las cosas. Me metí en medio de un campo nevado y me tumbé en el suelo. Las briznas afiladas de hierba helada me pinchaban los brazos desnudos. Me quedé allí tumbada, mirando un cartel blanco donde ponía SUPERMART. Vanessa había muerto, y yo no había estado a su lado hasta el final.

Al cabo de un rato, mamá y Linda, mi profesora, salieron a buscarme. Linda dijo: «Piensa en lo feliz que la hiciste. Pasó unos últimos meses buenos. Cuando te necesitó, estuviste a su lado.» Mamá dijo: «Sabías que ella te necesitaba, pero parece que no te diste cuenta de lo mucho que la necesitabas tú a ella.»

NO PUEDO RESPIRAR

No puedo decirte por qué brilla el sol
No puedo explicar la salida de la luna
No sé por qué el tiempo pasa volando
Pero pregúntame y te diré por qué...
[Estribillo]
Me siento dichosa de tenerte en mi vida
No puedo vivir otro día sin ti a mi lado
Cada vez me cuesta más respirar
Así que te suplico
No te la lleves de mi lado

Sé desde que te conocí
Que eres un ángel que me han enviado
Recuerdo que cuando me miraste a los ojos
Me enamoré de tu sonrisa
[Puente]
Y puedo decir que ayudas a mi corazón
    a latir cada día
Y creo que nunca estaré sola
Vivirás conmigo...

Medicina Mandy

Parecía como si estuviera perdiendo a la gente que más me importaba. Me sentía sola y a la deriva.

Y entonces llegó Mandy.

Hacía mucho tiempo que conocía a Mandy —había estado bailando conmigo desde que empecé a actuar como Hannah—. Una noche, en mitad de la gira, salimos de la piscina en algún hotel de mala muerte donde estaba aparcado el autobús. Mandy estaba pasando momentos difíciles con una amiga suya. Yo había perdido a mi primer amor. Vanessa había pasado a mejor vida. Mandy y yo estábamos sentadas en una cama de su habitación del hotel y le dije: «Oye, ¿quieres que seamos amigas íntimas?» Ella respondió: «Sí.» Fue algo salido de la nada. Del azar. Una broma. Pero entonces pasó algo fabuloso. Nuestra promesa de AI cobró fuerza.

¿Recordáis que os he dicho que cuando estás de

Mandy ¿qué te parece tener el título de un capítulo?

211

7 personas sin las que no puedo vivir

1. Mandy
2. mi hermana mayor
3. mamá
4. Lesley
5. Ashley Tisdale
6. mi tía Edi
7. mi abuela

gira, lejos de casa, la gente (familia y amigos) se convierte en tu casa? Yo me había atado demasiado a mi intimidad. La muerte de Vanessa me recordó que tenía que permitirme necesitar a la gente. Tenía que dejar de ahuyentar a la gente. Tenía que luchar por la amistad. Mandy y yo nos comportamos como chiquillas cuando estamos juntas, como si tuviéramos la edad de mi hermana pequeña. El corazón de una chiquilla es tan vulnerable, desenfadado y divertido... Desde el principio dejamos que nuestra amistad siguiera siendo inocente en lugar de cautelosa e insensible. Y era una sensación magnífica. Como si volviera a respirar o como si mi corazón estuviera empezando a curarse.

Una vez terminada la gira, Mandy y yo nos lo pasamos en grande gracias a YouTube. Salíamos a dar vueltas, jugando con la cámara de vídeo mientras practicábamos la rutina de un baile o hacíamos el burro en general, y decidimos colgarlo en YouTube. Os juro que los médicos tendrían que recetar hacer vídeos para YouTube. Son la mejor medicina para un corazón partido. Al principio lo hacíamos sólo por diversión, luego nos invitaron a una «competición de baile» contra ACDC (Adam/Chu Dance Crew), así que nos convertimos en M & M Cru e hicimos algunos vídeos. Fue genial, y aunque seguía siendo algo para divertirnos, también implicó mucho trabajo con mucha gente. Así que, cuando se acabó, volvimos a lo básico, al viejo programa de Miley y Mandy, nosotras dos solas haciendo el burro (respondiendo a preguntas de los telespectadores como cuáles son nuestros grupos favoritos, entrevistando a mi padre y a mi hermana). O haciendo un vídeo de Mandy viendo el juego del laberinto del terror (una broma de Internet) y dándole un ataque. Creo que éste es mi favorito.

Mi amistad con Mandy va más allá de los vídeos y del hecho de pasar el rato juntas, por supuesto. Mi hermano pequeño Braison es ya más alto que yo, y tuvimos una pelea terrible, probablemente por alguna estupidez como darme el cargador de móvil equivocado. No sé cómo, la pelea se avivó hasta el punto de darme un empujón contra la nevera y hacerme daño. Yo mido 1,62 y él 1,78. Trece años y ya mide 1,78, ¿a que es increíble? Es una mole. Sea como sea, la cuestión es que yo estaba bastante enfadada por la pelea, y lo que realmente quiero decir sobre Mandy es que sé que si la necesito, estará a mi lado. Si necesito a una amiga a las cuatro de la madrugada, vendrá en cinco minutos, y sabe que yo haría lo mismo. Mandy es mayor que yo, así que me ayuda a tener una mayor amplitud de miras. Cuando estaba enfadada con Braison, vino a casa y se quedó conmigo hasta que me dormí. La gente puede pensar que es extraño, que es algo exagerado. Pero yo creo que, si no puedo contar con una amiga para eso, la suya no es una auténtica amistad.

Sin duda alguna, tendremos que echarnos novio a la vez para no sentirnos abandonadas la una de la otra.

De nuevo en casa

Sé que sonará increíble, pero rodar la primera película de Hanna fue relajante. Sí, era un largometraje. No, jamás había tenido el papel de protagonista en una película. Sí, yo salía en casi todas las escenas. Sí, a veces tenía que actuar, cantar y bailar simultáneamente en coordinación con hasta 1.500 extras. Pero acababa de pasar cuatro meses viviendo en un autobús, actuando durante varias horas y durmiendo en una ciudad diferente cada noche. Luego había pasado directamente a grabar mi álbum *Breakout* [*Escapada*]. Después de todo eso, volvía a Tennessee (¡mi casa!) donde se rodaría la película... pues era casi la cosa más relajante que podría haberse imaginado.

Dormía todas las noches en nuestra granja de Franklin. Mi familia estaba allí. Mis animales estaban allí. Podía trenzar las colas de mis caballos y ver cómo las gallinas vivían una pequeña parte de sus vidas plácidas y discretas cada mañana. Las noches en que podía ver la puesta de sol, me quedaba sentada allí y pensaba: «Ésta es mi mayor bendición.» Me olvidaba de la película. Me olvidaba de los horarios de trabajo, de la locura y del bullicio que comportaba hacer la película. Me olvidaba de las exigencias del tiempo. Me olvidaba de levantarme y pensar: «Tengo que ponerme esto para estar guapa.» Me olvidaba de la falta de intimidad. Cuando estás sola en medio de 200 hectáreas, todo queda muy lejos. Nada ni nadie puede molestarte. La vida es más lenta. Cuando Emily vino a visitarme, dijo: «Ahora ya veo por qué nunca querías marcharte de tu granja. Qué tranquilidad.» Y Emily es una chica de ciudad al cien por cien. Como he dicho, relajante.

Lo que más me gusta hacer cuando estoy en mi casa de Franklin es salir a dar largos paseos a caballo con papá, tal como hemos hecho siempre. A veces me parece que mis caballos son especialmente cuidadosos conmigo. Andan más lentamente. Vigilan los hoyos. Han tropezado alguna vez, pero nunca conmigo. Los he cabalgado desde que era muy pequeña, por lo que es como si todavía me consideraran una niña pequeña a la que hay que mimar. Un día, mientras rodábamos la película, estaba cabalgando a mi caballo *Roam* y éste se asustó por una serpiente que había en la hierba. Se aterrorizó y empezó a encabritarse y corcovear.

¿Habéis sufrido alguna vez un accidente de coche? ¿A que parece que todo vaya a cámara lenta? ¿Cómo puedes tener tiempo para pensar cien cosas en dos segundos? Eso mismo me pasó mientras *Roam* se encabritaba.

Puede parecer evidente, pero nunca debes dejar que un caballo se te caiga encima. Los caballos son animales grandes. No lo sé, pero imagino que algunos de los nuestros pesan quinientos kilos. Yo peso aproximadamente una décima parte. ¿Quién ganará? ¿Quién hará daño a quién? Es fácil gritarle: «¡No, *Roadie*!» a un perrito de ocho kilos. Sabes que tú eres más alta y más fuerte. Pero, cuando montas a caballo, tienes que permanecer al mando aunque el caballo sea claramente la bestia más poderosa. Aunque no te hagas daño en la caída, si te pisa por accidente te deja hecha polvo. A papá un caballo le rompió el pie. Dijo que sintió como si le atropellara un coche.

Todos estos pensamientos me pasaron fugazmente por la cabeza mientras mi caballo saltaba de un lado a otro. Pero conseguí calmarlo al estilo rodeo. (¡Ojalá los *paparazzi* hubieran estado allí para fotografiarlo!) Me sujeté con fuerza y conseguí mantener la calma, aunque incluso a mí me extraña. Pensé: «Este caballo no va a tirarme. Nos queremos el uno al otro. Va a cuidar de mí. Va a protegerme. No me dejará caer.» Papá saltó de su caballo y me bajó en cuanto *Roam* dejó de dar coces. Cuando mi corazón dejó de latir a mil por hora, volvimos a casa. No comenté mi pequeña aventura en el plató al día siguiente. No hace falta decir que a la gente de la película no le habría hecho ninguna gracia saber que había estado a punto de morir aplastada.

Ah, sí, la visita de Emily. Durante las dos temporadas de *Hannah Montana*, Emily y yo nos habíamos esforzado por llevarnos bien. Tampoco es que nos hubiéramos odiado nunca. Y ahora estábamos allí, rodando nuestra película en Tennessee. Uno de nuestros días libres, ella no tenía nada que hacer, así que vino a la granja a pasar el día.

Cogimos los quads y fuimos hasta un lugar de nuestra propiedad al que llamamos la Cabaña. Es una casa medio derruida de los tiempos de Maricastaña. Hay trastos viejos en todos los rincones: pistolas, botellas de medicamentos, zapatos. Emily y yo subimos sigilosamente las escaleras, con mucho cuidado, cogidas de la mano. Había pasado una tormenta, y parecía que el viento hubiese desenterrado un montón de nuevos tesoros. Había balas esparcidas por el suelo. Una columna de un periódico antiguo. Un frigorífico (supongo que eso no lo había desenterrado el viento).

Entonces, vimos una especie de pelusa en una esquina. Dos pelusas, para ser exactos. Al principio parecían crías de dinosaurio. La Cabaña era un lugar tan salvaje que pensé que tal vez eran *realmente* crías de dinosaurio. O un cruce entre un mapache y un pato. *Mapatos*. Entonces recordé que alguna vez había existido un nido de halcón o de pavo (o de algún pajarraco grande) sobre la chimenea. ¡Eran crías de pájaro! Crías de pájaro que parecían «mapatos». Emily y yo nos quedamos allí, de pie, mirándolas durante un buen rato. No es que nos convirtiéramos en hermanas de sangre o juráramos ser amigas para siempre, pero fue un momento muy lindo que compartimos lejos de la serie y de la película, y de las pequeñas riñas que habíamos tenido. Volvimos a casa con los quads, disfrutando de la brisa fresca en la cara, y juraría que noté que algo cambiaba entre nosotras.

7 rarezas que tengo

1. Siempre llevo al menos cinco pulseras.

2. Cierro un ojo cuando me río.

3. Nunca combino ropa azul con naranja (los colores de mi colegio de sexto).

4. Detesto las palabras "crujiente," "caldoso" y "cremoso".

5. Ordeno mi habitación cada noche antes de acostarme.

6. Mi apodo es "un calcetín puesto" porque siempre se me cae un calcetín mientras duermo

7. Me desconcho el pintaúñas

La subida

Cuando leí el guión de *Hannah Montana: la película*, me puse muy contenta. Yo no quería que fuera como un capítulo extralargo de la serie de televisión. Una película tenía que ser más intensa (y tener un guión más trabajado) que una comedia de media hora. El guión era más profundo de lo que nadie imaginaba, justo lo que yo esperaba. Vi que tendría que actuar mucho más en serio.

Durante la serie de la tele, me había convertido cada vez más en una actriz de método. Los actores de método utilizamos las experiencias de la vida real para evocar emociones para nuestros personajes. Cuando tienes que estar triste, piensas en cosas que te entristecen. Yo empecé a hablar de Hannah como si fuera una persona de verdad, porque realmente la consideraba así. Hannah existía en mi imaginación. Durante la película, cuando Hannah se comporta como una pija malcriada, yo me comportaba un poco como la Hannah repelente y borde que estaba en casa. Quiero decir, que no es que me pusiera borde con mi familia, pero estaba callada y gruñona, explorando el personaje en mi cabeza. Y luego, en la película,

7 cosas en que no soy como Hannah Montana

1. No soy perfecta

2. No me gustan los colores chillones

3. No me gustan los tacones

4. No llevo peluca

5. Soy muy mala para guardar un secreto

6. No soy pija

7. Papá no es mi agente (¡gracias a Dios!)

cuando Miley vuelve a ser ella misma y está tomando comida típica del sur de Estados Unidos y pasando el rato con su abuela, yo también lo hacía.

Trabajaba nueve horas al día bailando, cantando y actuando, aunque el hecho de estar en Tennessee hacía que el tiempo pasara volando. Estaba en casa. Mi familia estaba cerca y mi abuela me acompañaba todo el día y todos los días. El entorno era familiar, aunque no hubiera estado en todos los lugares de rodaje de la película. En una escena, estaba sentada en medio de un enorme campo de margaritas con grandes ventiladores eléctricos detrás de mí que provocaban una suave brisa entre las flores. Si no mirabas a las cámaras, los focos o los ventiladores, el escenario era cautivador.

El momento más terrorífico llegó cuando rodábamos una escena con Lucas Till, que interpreta a Travis Brody, mi pretendiente en la película. Hay una escena en que ambos vamos a una cascada a la que nuestros personajes solían ir a jugar de pequeños. Se suponía que teníamos que saltar desde una plataforma de roca elevada a las aguas agitadas de la cascada. Yo nado fatal. Y llevaba días comiendo fritanga. Me sentía gorda y sabía que mi camiseta mojada se pegaría a todos mis michelines —¡algo que no deseaba en absoluto delante de una cámara! Pero sobre todo lo que me daba más miedo era aquel salto tan alto. Y por si fuera poco, el agua estaba fría. Helada. ¡Maldita sea!

> *El miedo es el único obstáculo que se interpone en el camino de hacer lo que nos gusta. A la gente le da miedo viajar, probar cosas nuevas, conseguir sus sueños. El miedo nos retiene de llevar a cabo las vidas que estamos destinados a experimentar.*

Lucas ya había saltado, y nadaba en las aguas de debajo de la cascada, esperando a que yo me lanzara. Yo estaba en el borde de la roca, pero no podía hacerlo. ¡Estaba tan abajo! No había probado el agua, pero sabía lo fría que estaba. Creía que me moriría. El pobre Lucas estaba ahí abajo, descamisado, congelándose, gritando: «¡Vamos, salta de una vez!» Finalmente me atreví. El agua estaba fría de narices. Aunque, ¡vaya! El regocijo valió la pena. Cuando salí del agua, el director dijo: «¡Has estado fantástica, y tus pantobillos son geniales!»

Sí, mis pantobillos. Se habían convertido en la gran broma del rodaje de la película. Yo le decía al director: «¡No puedo llevar este pantalón corto! ¡Se me ven los pantobillos!» O: «¡No puedo comerme esta torta frita! ¡Me va directa a los pantobillos!» Y el director siempre me respondía: «Tenemos que intentarlo otra vez, pero por Dios, tus pantobillos son bonitos.» O: «¡Buen trabajo! Ni siquiera he visto tus pantobillos.» Iba en serio cuando he dicho que me gusta ver las cosas desde el lado positivo. La palabra «pantobillos» tal vez me había fastidiado en un momento determinado, pero la acepté y la hice mía. Además, tenéis que admitir que es una palabra divertida. Así que ahí estaban mis pantobillos, totalmente expuestos para las cámaras de la película, bajo una gloriosa cascada de mi pueblo natal. La vida podría ser peor.

La vida había sido peor. Cuando nos mudamos de Nashville yo estaba en un momento bajo. El Club Anti-Miley (unas cuantas niñas malas del cole) me estaba haciendo la vida imposible. Por supuesto que había vuelto a Nashville montones de veces desde entonces, pero ahora volvía a casa como una estrella de cine hecha y derecha. (Bueno, todavía no era exactamente una estrella de cine. Todavía estaba en la fase de hacer la película, pero me faltaba poco.) Cuando actuaba con las Cheetah Girls, sentía que les estaba demostrando a aquellas niñas malas que estaban equivocadas. Ahora no tenía que demostrar nada. Aquellas niñas ya no me importaban en absoluto. No tenían ningún poder para hacerme infeliz, y, a través de *Hannah Montana*, ahora era yo la que tenía el poder. Tenía el poder de hacer reír a un montón de gente. En mi pequeño pedazo de mundo, parecía como un triunfo del bien sobre el mal.

Había dejado atrás mis problemas en Tennessee, pero seguía sintiéndome como en casa. Yo no me había pasado la infancia tirándome de cabeza a cascadas heladas, pero aun así, tener a Miley Stewart volviendo a Tennessee, el hogar de Miley Cyrus, era como el arte que imita a la vida real (como dice siempre papá). Es como dar vueltas sobre un mismo eje pensando en cómo la vida de mi personaje Miley es igual que la mía, y la mía es como la de Miley. Todo en *Hannah Montana* es ficción, por supuesto, pero hay una conexión con lo que es real en mi mundo y en la forma en que me he criado, acompañando a papá en el viaje de la música.

En la película, canto una canción llamada *The Climb* [*La subida*], que en parte capta la magia de lo que significa la serie para mí. Papá siempre me dice que el éxito es la realización progresiva de ideas u objetivos loables. Esto significa que la mejor parte (la parte en que tienes más éxito) es cuando te acercas a hacer realidad tu sueño. Cuando trabajas para conseguirlo, no cuando estás en la cima. Es como lo que me dijo Carl Perkins el día en que papá y él cazaban conejos sin escopetas. Se trata de disfrutar de la cacería. **Se trata de tener un sueño y verlo a lo lejos. Se trata de trabajar por lo que quieres. Se trata de subir.**

Al final de la película, cuando cada actor acaba su parte, se le «finiquita», lo que significa que el director anuncia que esa persona ya ha acabado y todo el equipo le aplaude. En nuestro último día de rodaje, cuando todo el mundo «finiquitó», llamaron a mi abuela, que había estado allí sentada todos los días, por mucho calor que hiciera o por largo que se hiciera el rodaje. Finiquitaron a la abuela y todo el mundo se levantó para darle una merecida ovación. Me hizo sentir que mis dos familias habían pasado a ser una sola.

¡Bravo por la abuela!

El peor viaje de la historia

Mi álbum *Breakout* salió justo después de que termináramos de rodar la película. Inmediatamente empecé a hacer publicidad del álbum y de otra película, *Bolt*, un filme de animación en el que pongo la voz de la protagonista, una niña llamada Penny, a la versión inglesa.

Mientras planificábamos *Breakout*, entré en el estudio con mis productores, Antonina y Tim, y les dije que quería hacer un álbum que fuera más rock'n'roll que pop. Quería que el álbum fuera un éxito, ¿vale?, especialmente porque era mi primer álbum sin Hannah. Pero, sobre todo, quería que fuera *mi* música. La música que yo quería escribir.

¡Sí, muchas de las canciones hablaban de mi ruptura con el Príncipe Azul! ¡Soy humana!

En la 50ª gala de los Premios Grammy, presenté un premio junto a Cyndi Lauper. Estuvimos un rato juntas entre bastidores, charlando sobre los Stones y música en general (parece que tenemos gustos similares). Y entonces se me quedó mirando y me dijo: «Eh, no tengas miedo de nada. La gente pierde su vida por miedo. Échale el lazo a la luna. Pero no lo hagas porque alguien te diga que es una buena idea.» Entendí lo que quería decirme. Era exactamente lo que estaba tratando de hacer con *Breakout*. Y pensé que Cyndi Lauper era tan guay que añadí una versión de *Girls Just Wanna Have Fun* [*Las chicas sólo quieren divertirse*] al álbum.

Había llegado el momento de promocionar el álbum. Para poder salir en el programa «Good Morning America» [«Buenos días América»], subí en un avión en Los Ángeles a las 7 de la tarde. En el jet privado estábamos mamá, mi hermana Brandi y yo, y no sé por qué pero tanto Brandi como yo no dormimos nada. Estábamos demasiado excitadas, escuchando a Bon Jovi y a Coldplay y viendo la película *Juno*. Mamá no dejaba de repetirme que tenía que salir en *Good Morning America* a las pocas horas. De hecho, esa misma «mañana». Me recordó que era *televisión en directo para todo el país*. Pero finalmente abandonó.

Así que llegamos a Nueva York a las tres de la madrugada. Yo tenía que estar en *Good Morning America* para peinarme y maquillarme a las 4:30. Nos registramos en un hotel y tratamos de echar una cabezadita de media hora. Las tres. En una cama. Mamá mide un metro setenta. Brandi un metro sesenta y tres. Yo estaba enroscada entre ellas, tratando de dormir, pero mamá estaba muy inquieta porque le preocupaba que yo estuviera cansada. Fue un calvario.

«Dormí» media hora, fui a peinarme y maquillarme, y aparecí para hacer una prueba de sonido para el concierto en «Good Morning America» a las seis de la mañana. Actuaba a las siete. El concierto no fue ningún problema. El público me dio ánimos y me encanta actuar. El concierto terminó a las 8.30. Luego, hubo saludos y presentaciones con un puñado de gente. Fue entonces cuando empecé a notar que me faltaba una siesta. No tuve esa suerte. Me esperaban en el programa «Today» [«Hoy»].

En el coche que me llevaba a «Today», me entró sueño. Tenía que dormir. Me quedé frita y podría haber dormido horas y horas. Por desgracia, era un trayecto en coche de sólo siete manzanas. Una siesta de dos minutos es como dar un mordisco a una galleta (frustrante y totalmente insatisfactorio). Pero no había tiempo para cabezaditas, y menos aún para siestas. A las nueve en punto hice un trozo grabado para «Today». Hice todo lo que pude, pero estaba tan cansada que ni siquiera me acuerdo. Por lo que sé, hablé de lo emocionada que estaba de interpretar el papel de Honky, la oca premiada de Hannah Montana. Delirante. Hubo más entrevistas hasta las once, momento en que me tocaba pasar una hora anunciando una maratón para promocionar *Bolt*. Para entonces apenas podía mantener los ojos abiertos. Hice otra entrevista más y luego Brandi, mamá y yo subimos al coche que nos llevó al aeropuerto. Miré por la ventana de atrás y vi que los *paparazzi* perseguían al coche. Llegué a mi casa de Los Ángeles a las tres de la tarde, y a la mañana siguiente estaba de vuelta al trabajo. Sorpresa, sorpresa, estaba mareada como un pato.

Aquel día me pareció el más duro de mi vida. Ya sé que las promociones son importantes. Trato de tomármelas con profesionalidad, aunque sé que pueden ser muy agotadoras. Pero, si sabía lo agotador que resulta, ¿por qué no dormí en el avión? Es la pregunta del millón, ¿verdad? ¿Valió la pena ver *Juno* con Brandi? Sin duda no me lo pareció a la mañana siguiente. Pero ése es el problema cuando tienes dieciséis años y responsabilidades de adulta. No dejas de tener dieciséis años.*

Como todavía soy una niña, nos centramos tan sólo en las promociones más importantes y prescin-

* ¡Hasta que cumples los 17!

231

dimos de las más pequeñas, con lo que el éxito final del álbum pasaba a ser un misterio. Era tan raro no hacer todo lo que estuviera en mis manos por promocionar mi primer álbum firmado con mi propio nombre... Estoy muy orgullosa de él y me encanta cómo nos salió. Pero también tenía que aceptar la realidad de mi situación. Pasan tantas cosas a la vez, tantas oportunidades... Querría aprovecharlas al máximo, pero también quiero seguir cuerda.* Llegará un día, como me recuerdan mis padres constantemente, en que ya no me pasarán tantas cosas. Y cuando llegue ese día, no quiero sentirme una persona vacía.

* Dormir, comer, tener auténticas amistades, pasar tiempo con mi familia.

Preguntas a responder

Aunque no me dediqué a promocionar el álbum agresivamente, sí que concedí y concedo montones de entrevistas a televisiones, radios y revistas. Por muy real que quiera que parezca, siempre tienen algo de falso. No de falso porque mienta o finja ser quien no soy, sino falso porque la gente me hace preguntas que no puedo responder. Como por ejemplo: «¿Qué haces con tu tiempo libre?» ¿Cómo puedo responder a eso? Cosas. No lo sé. Me gustaría decir: «Y *tú*, ¿cómo pasas *tu* tiempo libre? ¿En el ordenador? Pues yo también.» O a veces preguntan: «¿En qué te inspiraste para la canción *7 Things* [*7 cosas*]?» **Ya sabéis la respuesta, todo el mundo sabe la respuesta, entonces, ¿por qué me lo preguntas?** Tratan de hacerme enfadar o que me sienta incómoda, porque eso hace que la entrevista sea «buena.» Es tan difícil dar una respuesta decente a

«¿Cómo es eso de ser Hannah Montana?» Me lo han preguntado al menos un ~~centenar~~ de veces.* Ah, y luego está toda la gente de los medios supuestamente lista que finge estar totalmente confundida con Hannah Montana, Miley Stewart y Miley Cyrus. No es tan difícil. Mirad un episodio y lo entenderéis.

También me preguntan siempre: «¿Cómo es lo de trabajar con tu padre?» Nadie me pregunta nunca por mi madre, que siempre, siempre está a mi lado. Es como una hermana para mí (y creedme, nos peleamos como hermanas), aunque ella nunca deja de ser la madre que cuida de que no me pase nada malo. Aunque si me preguntaran por mamá, tendría problemas para responder. Os contaré una cosa. A ella no le importa mi trabajo (sólo quiere que yo sea feliz). Y tiene talento en lo que hace. No se define por mi éxito ni intenta vivir a mi costa. Es una madre normal, una madre que me quiere no por lo que hago sino por quién soy como persona. Gracias a ella, he podido mantener la cabeza bien amueblada.

Mamá está tan ligada a mi vida diaria que no sabría de qué hilo tirar para describirnos. Por ejemplo, acabo de llamarla porque este fin de semana celebro la fiesta de mis dieciséis primaveras, y me siento hinchada y estoy nerviosa porque no me entra el vestido.

Mamá estaba absolutamente tranquila, como siempre, y me ha dicho: «No te preocupes, ya lo arreglaremos.» Eso ha sucedido hoy, pero, ¿habéis visto que siempre está ahí? Sustituyendo al pez muerto, regalándome un trofeo de animadora, llevándome de Toronto a Alabama para un pequeño papel en una película, levantándome de la cama cuando no quería levantarme por mi piel fea, dándome apoyo, haciéndome tocar con los pies en el suelo, consolándome, ayudándome a encontrar mi camino. Es mi heroína, os lo aseguro, y querría ser como ella.*

En cuanto a papá, se me hace muy difícil responder a cómo es salir con él en una serie de la tele. Siempre hablo de que es como un amigo íntimo para mí, y sobre cómo dejamos a un lado el trabajo cuando salimos del plató. Digo la misma respuesta una y otra vez, tropecientos millones de veces. Y es verdad. Aunque (igual que con mamá), ¿cómo esperan que comunique todo lo que hay acerca de mi relación con mi padre en tres frases o menos? Es imposible. Nunca consigo expresar cómo es nuestra relación. Eso no lo puede entender nadie. Así que, en realidad, no puedo responder a la pregunta con sinceridad. Y tampoco es que quieran que lo haga. Sólo quieren alguna cita jugosa que quede bien en su revista o pro-

* vale, esto se lo podéis mencionar a mamá.

grama de radio o anuncio de radio. Es imposible que en ese espacio quepa una persona entera. Pero les necesito para promocionar mi trabajo. Y ellos me necesitan para promocionar sus programas. Así que todos seguimos haciendo nuestro trabajo tan bien como podemos. Trato de ser atenta y realista.

Pero sobre papá...

Más que leche con cacao

Bueno, aquí tengo la oportunidad de hablar un poco más sobre el hecho de tener un padre tan genial. He tenido mucha suerte. Es verdad que no siempre podía estar con la familia (a menudo le tocaba ir a trabajar a otra ciudad durante temporadas largas). Yo nunca lo entendí cuando era niña, aunque ahora sí que lo comprendo, porque a mí también me toca hacerlo. Mi hermana pequeña, Noah, me pregunta: «¿Por qué tienes que irte?» Ahora sé que hay una serie que tiene que seguir adelante. Tanto si se trata de *Hannah Montana*, de una gira o de una sesión de grabación, siempre hay más gente implicada. Y cuentan con que aparezca yo (y toda la demás gente). Supongo que ésta es una lección que aprende la gente cuando empieza a trabajar. Un trabajo es una responsabilidad diferente a la del colegio. Si no vas al colegio, eres tú quien sale perdiendo. Pero si no vas al trabajo, también afecta a otra gente, y a sus familias. Cuando papá tiene que marcharse, se marcha y punto.

Papá nunca ha tenido un trabajo de nueve a cinco en toda mi vida. Tratamos de desayunar cada mañana y de cenar cada noche, pero sus horarios están cambiando constantemente, cosa que puede resultar muy dura. Aunque luego, cuando está en casa, vivo la mejor sensación del mundo. Durante las pocas semanas que permanece en casa, le prestamos toda la atención, y lo aprovechamos al máximo.

Lo que hace tan especial a papá es el tiempo que pasamos juntos. ¿Cómo puedo explicar el *tiempo*? Si damos un paseo a caballo de dos horas por el campo, cerca de nuestra casa de Franklin, os puedo contar adónde hemos ido y lo que hemos hecho. Puedo describir el cielo enorme y hermoso. Puedo hablaros de algunas de las cosas que nos hemos dicho, y de lo pacíficos y estimulantes que han sido los silencios. Puedo describiros incluso cómo le gusta a mi padre transmitirme la sabiduría popular, contándome historias que ya he oído un millón de veces, o cómo le gusta recordarme que cuando estaba en el apogeo de su carrera en realidad no tenía nada y que, por lo tanto, estar en su granja con su familia lo es todo para él. Tal vez eso os ayude a comprenderlo. Lo de la leche con cacao por las mañanas puede ser una anécdota simpática, pero por sí sola probablemente no explica nada. Tal vez debería contaros que papá quiere que pongan la canción *Over the Rainbow* [*Detrás del arco iris*] en su entierro, porque es lo que quería mi abuelo, aunque yo prefiero que la bailemos en mi boda para asociar la canción a algo distinto y más alegre. Aunque no estoy segura de creer en el poder de las palabras ni de la música para expresar verdaderamente lo que ocurre entre dos personas. Lo mejor que puedo esperar es que relacionéis mi descripción con algo que sea importante para vosotros.

Algunos medios han dicho cosas como que mi papá y yo estamos demasiado unidos o somos demasiado mimosos para ser padre e hija. Para nosotros eso no tiene nada de extraño. ¿Y a quién le importa si al público le gusta o deja de gustarle? Creo que es especial que todavía seamos padre e hija, que nos queramos, que no tengamos miedo de demostrarlo, ¡y que no dejemos que otra gente nos diga qué cara tenemos que poner cuando nos hacemos una foto juntos!

He dicho que a quién le importa, aunque por supuesto es difícil que no te importe. Tengo sentimientos. Duele leer ciertos comentarios desagradables en

Internet. No estoy diciendo que yo tenga que gustarle a todo el mundo, pero hay gente tan llena de rabia, odio y amargura... Cuando no los ignoro o me siento herida por lo que dicen sobre mí, me preocupa que haya gente que pueda escribir esos comentarios tan malvados. ¿Por qué están tan enfadados? ¿Por qué se quedan sentados en casa escribiendo esas cosas horribles? ¿Por qué no salen a pasear un rato con sus amigos?

Cuando *Hannah Montana* se hizo popular, sabía que provocaría el interés de los medios de comunicación. Es cierto que no esperaba que los *paparazzi* me siguieran a todas partes, pero sé que es parte de mi trabajo. Por lo general, los cotilleos me resbalan. El primer rumor negativo que oí fue que estaba embarazada. Tenía catorce años. Pensé: «vaya estupidez». Yo no cambio mi vida. Intento tratar a los medios de comunicación (incluidos los *paparazzi*) con respeto. Les trato como amigos. Jolines, si hay veces que les veo más que a mis amigos. Sé que no se van a ir. Las cosas son así y convivo con ello.

Trato de ser un buen modelo de conducta, y es por eso que creo que es una lástima que haya tanta gente que quiera ganar dinero a costa de mis errores. Ojalá pudieran ganar dinero a costa de mis éxitos. De hecho, también hay gente que gana dinero con mis éxitos. Cuando supe que por una foto mía besando a un chico (que ni es un error ni un éxito, sino algo privado) se podían llegar a pagar 150.000 dólares, le dije a Brandi: «Te enviaré la foto a ti y así te puedes comprar una casa.»

Del único modo que puedo responder a toda esta presión es ofreciendo cosas buenas al mundo. Como dice papá (bueno, en realidad lo dijo Newton), por cada acción hay una reacción igual y en sentido contrario. Yo me apunto a lo positivo en todo lo que hago.

Mapatos

Después de la gira de «Best of Both Worlds», después de rodar *Hannah Montana: la película*, después de que saliera el álbum *Breakout*, después del peor viaje de mi vida, llegó el mes de agosto y yo ansiaba unas largas, agradables y muy merecidas vacaciones. Preferiblemente en el Trópico. Ah, eso *habría* sido fantástico. Pero tocaba empezar a rodar la tercera temporada de *Hannah Montana*. Volví directamente a trabajar.

Durante el verano, mientras rodábamos *Hannah Montana: la película*, Emily y yo nos llevábamos bien. Estábamos en un lugar diferente, y el trabajo era lo suficientemente distinto como para que cualquier mal rollo que hubiéramos tenido pareciese haber desaparecido, o al menos quedar apartado. Una vez acabada la película, ya no hablamos más hasta que volvimos al trabajo. No es que dejáramos de hablarnos adrede o por despecho. Simplemente es que tampoco éramos tan amigas. Pero cuando volvimos a trabajar para la tercera temporada, algo había cambiado. Sí, nos lo habíamos pasado bien juntas cuando vino a mi granja de Franklin. Y sí, habíamos tenido unas vacaciones. Pero no es que hubiera habido un gran relámpago y de repente las cosas fueran geniales. No es como si aquellos «mapatos» nos hubieran insuflado un hechizo mágico de amistad o algo parecido. Cuando volvimos a la serie, trabajamos y basta. Nos sentíamos próximas. No sólo nos llevábamos bien, nos llevábamos de primera.

Ahora, a Emily y a mí nos encanta estar juntas. Podemos pasarnos cuatro días seguidos juntas. No puedo imaginar a una Lilly mejor. Somos *super*íntimas. Extrañamente íntimas por el mucho rato que pasamos juntas. Nos costó un tiempo pillarnos el rollo (ambas teníamos que aprender a ser sensibles la una con la otra). Nunca tuvimos una gran discusión seguida de una charla íntima, como seguro que tienen muchas amigas adolescentes. Ambas llevamos una vida tan ajetreada que, pasar por todo ese ciclo de padecer un conflicto dramático y resolverlo, es un lujo que no podemos permitirnos. Trabajamos juntas todos los días. Somos profesionales. Queríamos llevarnos bien, y por supuesto teníamos que comportarnos de forma responsable por el bien de nuestra serie y de nuestras carreras. Así que vale, durante un tiempo sólo hice lo posible por mantener la paz. Pero, ¿sabéis que dicen que a veces si te comportas de cierta manera durante el tiempo suficiente (finges estar feliz aunque estés triste) al final esa felicidad se vuelve real? Pues creo que en algún momento, mientras tratábamos de mantener la paz y comportarnos como amigas, digamos que la paz se hizo realidad. Parecía algo natural. Y una vez que fue natural, las cosas siguieron en paz. Llevarme bien con Emily fue una alegre sorpresa. El lugar de trabajo se convirtió en un sitio agradable (y parecía mucho más natural ahora que mi mejor amiga en pantalla de repente también parecía una mejor amiga de verdad). Incluso ahora se me hace raro hablar de lo tenso y desagradable que había sido. ¿Éramos así? Cuesta creerlo.

El tiempo pasó, y ahora, cuando miro a Emily, no me siento insegura, ni competitiva, ni molesta por nuestras diferencias. En lugar de eso, veo a alguien que ha compartido conmigo largas y agotadoras jornadas de trabajo, y alguien con quien puedo pasar el rato cuando tenemos un momento libre.

Valió la pena, valió la pena tanto pelearse como

tolerarse. Descubrí que las amigas no tienen por qué ser exactamente como una misma. De hecho, la gente que es diferente es la gente que probablemente más te puede abrir al mundo. Esas amistades pueden ser las que cuestan más trabajo (no creo que jamás me haya esforzado tanto antes por una amistad como por ésta).* Tal vez ésta es una lección que todo el mundo aprende en un momento dado de la vida. **Las amistades que cuestan trabajo pueden ser las más gratificantes.**

Ahora que lo pienso, es parte del proceso de maduración, supongo, y parte de tener un trabajo de adulto siendo una niña. Veo pasar los días y busco maneras de lograr que mis relaciones sean más fuertes, productivas, felices y pacíficas. Siempre seré hiperactiva e impulsiva, y siempre hablaré sin pensar, pero soy más consciente de que mis actos afectan a los demás, de las cosas que hay que llevar a cabo y de cuáles son mis responsabilidades. Por muy cansada o tonta que me sienta, soy más consciente de la realidad general y de lo que quiero dar y recibir de la vida cada día. Tengo que agradecer esta lección a Emily, porque tengo la sensación de que será algo que recordaré con el paso de los años.

* No, no creo que trabajarme a esas niñas de sexto me hubiera servido lo más mínimo.

El puente

Las relaciones amorosas también requieren trabajo. De eso estoy segura. Y también cambian y crecen.

La última vez que vi al Príncipe Azul, nos dimos un abrazo. Yo cerré los ojos un instante. Era un abrazo extraño, pero yo no quería soltarle. En aquel momento, simplemente me imaginé dos años antes, y que las cosas eran tal como sucedían entonces.

Cuando escribo canciones, trato de contar toda una historia. Aunque, a veces, la historia entera no está lista para que la cuente. El puente de una canción es la parte de transición, la que conecta musicalmente dos partes de la canción. Después del puente, una canción puede volver al estribillo, aunque es más grande, más triunfal, y parece diferente por lo que ha pasado en el puente. Cuando oyes el puente, notas que las cosas están cambiando y sabes que se acerca el final.

Aquí es donde estoy estos días. Estoy en un tono diferente. Sigo escalando, sigo tratando de averiguar. Me siento dolida, enfurecida, alegre y esperanzada. El Príncipe Azul fue mi primer amor auténtico, y siempre le tendré reservado un lugar en mi corazón.

Así que estoy en el puente de una canción. Ya sé cómo suena el estribillo final. Ya sé qué viene ahora. Y lo espero. Sólo que todavía no acabo de estar allí.

No tienes que quererme
para que yo te quiera, entiéndelo
Sólo piensa en el tiempo
que estuvimos juntos
Y no quiero jamás
verte triste,
sé feliz
Porque no quiero abrazarte
si tú no quieres decirme
que me quieres, cariño
Sólo sé que tendré que
alejarme de ti
Seré lo bastante mayor por
los dos para decir, sé feliz.

—De la canción *Bottom of the Ocean*

Sheba

Cuando tenía uno o dos años, mamá le regaló a papá una perra que se llamaba *Sheba* para celebrar el Día del Padre. Era una época en la vida de papá en la que tenía mucho éxito (estaba en la cima) pero en que se dio cuenta de que no tenía nada. Así que abandonó su carrera musical y se trasladó con la familia y con *Sheba* a la granja de Franklin, con la intención de ser el mejor marido y el mejor papá posible. *Sheba* tuvo que ver con esa decisión, con volver a casa, con elegir a la familia por encima de la fama y la riqueza. Papá quería mucho a esa perra, era la perra más fiel que jamás haya existido. Vivió con nosotros durante mucho tiempo, aunque por desgracia tuvo un triste final. Le picó una garrapata, se quedó paralizada, y entonces, como no podía moverse, le atropelló un coche. Papá estaba destrozado. Eso sucedió hace pocos años.

Fue en junio de hace un par de años, cuando mis padres estaban paseando por Pasadena y vieron una perrita negra preciosa que les recordó a *Sheba*. Estaba con una mujer sin techo que llevaba una camiseta donde ponía ÁNGEL. Mis padres se pararon para acariciar al perro y se pusieron a charlar con la mujer, que les dijo que se llamaba Joanne. Les dijo: «Soy cristiana. Mi marido y yo nos divorciamos. Siento que mi misión es estar en la calle. Soy una misionera.» Papá le preguntó cómo se llamaba la perra. Joanne dijo que se llamaba *Sheba*.

¡Sheba! Mis padres quedaron conmovidos por la historia de Joanne y toda la conexión con la perra *Sheba*. Trataron de darle dinero a Joanne, pero ella no lo quiso aceptar. Dijo que estaba cumpliendo con su llamado.

Bueno, antes ya os he hablado un poco sobre la religión y lo que Dios significa para mí y para mi familia. Quiero decir que ya os he dicho que voy a misa todos los domingos, pero para mí la fe es más que eso. Es parte de lo que soy, de mi manera de pensar y de cómo vivo cada día. Conocer a Joanne (alguien tan dedicada a Dios) fue importante y significativo para mis padres. Dios tiene todo tipo de mensajeros y yo siempre tengo los ojos, las orejas y el corazón abiertos.

La fe es tener la fuerza para confiar en algo que no puedes ver con los ojos ni probar científicamente. Crees porque tu corazón te dice que es donde deberías ir o quien deberías ser. Tu corazón te dice lo que está bien.

Pocos días después era el 4 de julio, el día en que se celebra la independencia de Estados Unidos. No teníamos ningún plan. ¿Recordáis? Mis padres no son demasiado planificadores ni fiesteros. Era una tarde calurosa, y estábamos todos paseando por Pasadena. Mi padre mencionó a *Sheba* y se preguntó si tendría miedo de los fuegos artificiales como lo tenía nuestra *Sheba*. Buscamos a Joanne pero no pudimos encontrarla. Entonces, mi hermana pequeña (que nunca había visto a Joanne) dijo señalando al otro lado de la calle: «Eh, mirad ese perro.» Era *Sheba*, con Joanne.

Esta vez Joanne dejó que mis padres le dieran veinte dólares. Papá quería invitarla al restaurante Cheesecake Factory para que comiera algo. A Joanne le daba miedo dejar su carrito, lo que me pareció lógico. Era su casa, y no lo tenía guardado bajo llave como la mayoría de nosotros guardamos nuestras posesiones más preciadas. Nosotros le guardamos el carro mientras entraba. La gente nos miraba con cara rara, como si ése no fuera nuestro lugar, y me pregunté si a Joanne la miraban así todos los días.

Cuando reapareció Joanne, traía Coca-Colas para todos. Estuvimos hablando con ella mucho rato aquella noche. Nos dijo que aquellas calles eran su África, su Indonesia. En vez de irse a algún país lejano, su misión estaba allí. Joanne era inteligente y tranquila. No había ni pizca de amargura en ella. Y conocía las Escrituras. Al final de aquella noche, mis padres le dijeron sin tapujos: «Por favor, déjanos que te saquemos de la calle. Puedes venir a nuestra casa. O te llevaremos a un hotel y ya pensaremos algo.» Joanne sonrió y dijo: «Espero que os acordéis de mí, pero no tenéis que visitarme. No os preocupéis por mí. Yo soy feliz.»

Y parecía que era verdad. Dos meses después mis padres volvían a estar en Pasadena, y allí estaba ella, con una camiseta donde ponía AMO A JESÚS, sentada con su perra. Mis padres no alcanzaban a comprender por qué alguien podía elegir esa vida, pero tenían fe en ella y en el mensaje que nos había dado. La persona que creíamos que más nos necesitaba no quería nada de nosotros. Rebosaba amor. Era feliz.

No quería ni necesitaba nada de nadie. Vivía en un parque. Había seguido su llamado. Dios cuidaba de ella. Como dice mi abuela: «Todo concurre al bien de los que aman a Dios» (Carta a los romanos 8:28.)

Tal vez era un ángel.

Mamá se educó en una iglesia conservadora. Durante mucho tiempo fue a la iglesia porque era lo que se suponía que debía hacer. Toda nuestra familia lo hacía. Siempre buscábamos una buena iglesia que visitar. Luego, cuando estaba en el ciclo superior de primaria, Brandi nos llevó a una iglesia nueva en Franklin. La Iglesia de la Gente era diferente. Se convirtió en una familia para nosotros. Los miembros de nuestra congregación se responsabilizan entre sí de la forma en como viven sus vidas y, al mismo tiempo, era un lugar donde me sentía segura y no juzgada, especialmente durante ese año difícil de sexto. Por primera vez, mi familia empezó a tomar decisiones basadas en la fe. Creo que ahora tenemos una relación más sincera con Dios que cuando íbamos a misa porque tocaba. Realmente, la Iglesia de la Gente me abrió el corazón. Me ha hecho verdaderamente agradecida.

Mucha gente de nuestra iglesia lleva anillos de pureza, que representan el compromiso de mantener el celibato hasta que estás casado. Cuando Brandi cumplió los veintiún años, le pidió a mamá un anillo de pureza, y mamá se lo compró. Brandi siempre ha sido independiente y ha estado preparada para saber lo que quiere y lo que cree. Es muy honesta con todo el mundo, incluso con ella misma. Yo la quiero y la respeto, y creo que es hermosa por dentro y por fuera. Siempre hemos hablado abiertamente de su anillo y de lo que significa. Cuando el novio de Brandi (con el que planea casarse) viene a visitarla, a menudo se queda durante una semana. Cada noche, a las once, se van cada uno a su habitación separada. No es algo que le hayan dicho mis padres a Brandi. Lo hace porque se respeta muchísimo a sí misma.

Cuando crecí lo suficiente y entraron los chicos en mi vida, pregunté si también había llegado el momento de que me compraran a mí un anillo. Mamá me dio uno que tiene un círculo, que representa el círculo del matrimonio. En el centro del círculo hay un diamante para mí, y cuando me case, se añadirá otro diamante. Pero hasta entonces, aparezco sola. Y me parece lo correcto.

Hay prensa que se burla de la gente que llevamos anillos de pureza, pero yo no les presto atención. Pueden pensar lo que quieran. ¡Tengo mi propia moral!

También actúo según mis creencias religiosas y mi elección profesional. Ya os he contado que mi familia habla de ser la luz en la oscuridad (en lo que se refiere a mi trabajo, trato de aceptar proyectos de los que me pueda sentir orgullosa). Me encanta que *Hannah Montana* sea una serie simpática y de buena calidad, que transmita la alegría a la vida de la gente. Cuando empiece con proyectos más adultos, quiero ceñirme a lo que creo y a lo que tiene sentido para una chica de mi edad. Quiero ser un buen modelo de conducta. Es por eso que he firmado para trabajar con el escritor Nicholas Sparks. Sus libros y películas apuestan por una moral fuerte y promocionan relaciones cariñosas y duraderas. Puedo hacer un trabajo importante sin comprometer mis valores.

El lugar más feliz de la Tierra

Como ya he dicho, gran parte de mi fe consiste en ayudar a los demás, no para mostrar culpa o gratitud por lo que tengo, sino porque me parece justo y necesario. Es verdad que la fiesta para mi decimosexto cumpleaños fue enorme y excesiva. Cerramos Disneylandia una noche en plena semana escolar; cinco mil personas asistieron a la fiesta, y cada una de ellas pagó 250 dólares por disfrutar de ese privilegio. Eh, chicas que abusabais de mí en sexto, fijaos en esto: ¡miles de personas pagaron una pasta gansa para venir a mi fiesta de cumpleaños! Aunque no fue nada comparado con esos grandes espectáculos de cumpleaños de la MTV.

Antes de que penséis que soy una pirada egoísta por cobrar a la gente por venir a mi cumpleaños, os diré la razón: el acontecimiento recaudó un millón de dólares para Youth Service America. *Todo* ese dinero fue para una buena causa. Como ya he dicho, si tengo que ser el centro de atención, quiero utilizar ese poder en beneficio de algo bueno.

La noche de la fiesta de cumpleaños estuvo bastante milimetrada (controlaba todo lo que tenía que ocurrir y el instante en que tenía que suceder). Pero lo mejor fue algo que no esperábamos ni habíamos planeado. Mi buena amiga Lesley, que formaba parte de mi equipo durante mis años de animadora, voló desde Tennessee para venir a la fiesta. Se había alojado en mi casa y, justo antes de dirigirnos a Disneylandia, le dije: «Me siento muy feliz. Lo único que me haría más feliz sería que mi abuelo estuviera aquí para la fiesta.» Lesley me dijo que no estuviera triste: «Está aquí. Nos está viendo.»

Hacia el principio de la celebración, en una pequeña recepción para los famosos que asistían a la fiesta, se suponía que mamá tenía que darme el regalo de cumpleaños. Pero resulta que la fiesta iba con retraso. Así que, cuando mamá me dio el regalo, los famosos ya estaban en sus coches para el desfile. La única gente que quedaba eran mamá, Rich Ross y Adam Sanderson (ejecutivos de Disney Channel) y tía Edi, la mejor amiga de mamá. Un pequeño grupo de personas que parecía una familia.

Entonces mamá me sorprendió con un «malti-che». Un cachorrillo blanco mezcla de maltés y ca-niche. ¡Un cachorro! Estaba tan emocionada... Vale, no fue una sorpresa total. Mamá sabía que me moría de ganas de tener un cachorro, y yo tenía la sensa-ción de que mi deseo se haría realidad.

Los animales son criaturas misteriosas, intere-santes, asombrosas. Nunca puedes saber real-mente qué están pensando, pero sabes cómo se sienten por cómo te tratan. Sus emociones son sinceras y puras. Una perra lloriquea cuando está cansada. Lloriquea cuando tiene hambre. Se te arrima cuando está contenta. Te lame la cara cuando está contenta de verte. Da brincos y te mordisquea los zapatos cuando llegas a casa. Los animales te tratan como tendrían que tratarte los amigos. No quiero decir que desee que mis amigos me laman la cara. Pero cuando los amigos quieren demostrarte lo mucho que les importas, o están contentos de verte, a veces les entra vergüenza o se sienten incómodos. Los animales no creen ser mejores o peores que tú. No sienten vergüenza. Te quieren y basta.

Estábamos jugando con la perrita y sacando fotos cuando mamá dijo: «*Sofie*, mira a la cámara, *Sofie*.» Me quedé paralizada, no podía creérmelo. El tiempo se paró por un segundo. Entonces grité: «¡*Sofie* era la perra del abuelo!» Mamá ni se había dado cuenta (la cachorrita *Sofie* venía ya con el nombre de la tienda de animales), precisamente una perra llamada *Sofie* había sido la mejor amiga del abuelo, su compañera más fiel. Lo era todo para él. No tuve la más mínima duda de que aquella perrita pequeña y esponjosa que se meneaba entre mis brazos era mi regalo de cumpleaños de parte del abuelo. Dios me había enviado el regalo de mi abuelo. Cuando tuve aquella constatación, eché a llorar. Me quedé sentada delante de todos, llorando con *Sofie* en mi regazo que me lamía las lágrimas.

Me alegro de que todos los famosos ya se hubieran ido para el desfile. Fue un momento tan dulce, especial y abrumador, que me alegro de haber estado rodeada de gente que me conocía bien. Además de Pluto. El perro Pluto también estaba allí. (Nuevamente quiero mostrar mi profundo respeto por la gente que tiene que ponerse disfraces pesados con pocos agujeros de ventilación.) Supongo que el hombre (¿o mujer?) con el disfraz de Pluto ya forma parte de mi familia. Seguro que debe de pensar que soy una chica muy emotiva. Aunque la verdad es que, en todos los demás momentos importantes de mi vida, normalmente no he llorado ni me he puesto superemotiva. Aquella noche, sin embargo, no dejaba de decir: «¡Ay, Dios mío!», y los ojos se me volvían a llenar de lágrimas. No podía dejar de llorar. Fue un momento que recordaré el resto de mi vida.

Justo después vino el desfile. Subimos a los coches y nos dirigimos hacia abajo, entre una multitud de niños que abarrotaban las calles de Disneylandia. Como si no tuviera suficientes motivos como para sentirme emocionada, nuestro coche avanzaba lentamente por la calle entre gente que gritaba mi nombre, me deseaba feliz cumpleaños a voz en grito. No sabía cómo reaccionar. Me sentía algo avergonzada y estúpida, y al mismo tiempo me sentía como una princesa. Llevaba un vestido divino de color champán, con pedrería, y unos zapatos de color azul claro, preciosos, recubiertos de pedrería Swarovski. Parecían los auténticos zapatos de Cenicienta. Pero aun así... Me hundí en mi asiento. Mamá me dio un codazo y me dijo: «Cariño, saluda como una reina de la belleza.» Yo le respondí: «¡Es que me siento tonta! Es tan raro que haya venido toda esta gente para verme.»

La vergüenza no era la única emoción que sentía.

Sí, he dado conciertos ante miles de personas, pero aquello parecía distinto. Parecía tan personal, tan íntimo. En serio que no podía creerme que tantas familias estuvieran allí para aplaudirme y celebrar mi cumpleaños conmigo. En el coche había periodistas, que trataban de entrevistarme, pero yo apenas podía responder. Empezaba a hablar, me embargaba la emoción y me echaba a reír de mí misma. Estuve riendo y llorando todo el trayecto.

El mejor tipo de risa es el de cuando empiezas a reírte sin motivo alguno y no puedes parar. En ese momento, te olvidas de todo lo demás. Pierdes el mundo de vista y pierdes el control (algo que todos deberíamos hacer de vez en cuando).

Llegamos a la alfombra morada. ¡Sí, exacto, morada! Me encanta el color morado. ¿Os acordáis de cuando caminé por mi primera alfombra roja, en el estreno de *Chicken Little*, y nadie tenía ni idea de quién era yo? ¡Pues ahora tenía incluso una alfombra con el color personalizado para mí! ¡Vaya!

A veces, esta vida que llevo empieza a parecerme normal. Andar por alfombras rojas empieza a parecerme algo cotidiano. Y aunque te encante (que a mí me encanta), la emoción se consume por el hecho de que es parte de mi trabajo. Pero aquella noche, fui consciente de la increíble realidad de mi vida. Me sentí tan afortunada...

Aunque ya había andado por alfombras rojas antes, esa vez fue diferente, y no sólo por el color de la alfombra. Todo el mundo era mi amigo: Emily, Mitchel y Moisés Arias (que interpreta a Rico). Anna María Pérez de Taglé y Shanica Knowles (que interpretan a Ashley y Amber), ambas me dijeron que llevaban vestidos morados en mi honor. También estaba allí Demi Lovato (había tanta gente de Disney que parecía una reunión familiar). Concedí entrevistas y hablé con amigos y con fans. Esa parte fue muy relajante y divertida.

Entonces llegó el momento en que tenía que actuar. Lo que significaba un cambio de vestuario, por supuesto. Mi diseñadora de vestuario, Dahlia, me sorprendió con una túnica en cuya espalda se podía leer FELICES DIECISÉIS. ¡Genial! Sé que puede parecer raro que actuara en mi propia fiesta, pero pensé que la gente había pagado 250 dólares. ¡Tenía que compensarles!

El espectáculo empezó en la isla de Tom Sawyer. Papá me hizo de telonero. Tocó *Ready, Set, Don't Go* y hubo un montaje de fotos y vídeos de mi vida hasta ese momento. Fue tan bonito… Por muchas veces que oiga a papá cantar esa canción, sé por qué la escribió y sé que para nosotros siempre será auténtica.

Después de papá, canté yo, y luego (y ésta fue la mejor parte de todas) Disney donó un cheque de un millón de dólares a Youth Service America (YSA). Más tarde concedimos diez «Estrellas de servicio» de YSA a algunos de los chicos maravillosos que no por ser jóvenes dejan de esforzarse duro por hacer de este mundo un lugar mejor. Estaba tan emocionada que no dejaba de dar brincos como una chiquilla.

Posteriormente, mis bailarines y yo subimos a un barco. Canté dos canciones más y nos llevaron río adentro. Los barcos navegaban entre la multitud. Era una forma superguay de actuar, flotando hacia el público y viendo las luces centelleantes de Disneylandia a nuestro alrededor.

Cielos, todo pasó tan rápido que fue como ¡ah, sí el barco!

Tras el concierto hice un breve descanso para calmarme y limpiarme. Me cambié y me puse un bonito vestido azul celeste con lentejuelas y unas plumas azul celeste alrededor de la parte inferior. Finalmente, llegó el gran momento del cumpleaños. Ya he vivido fiestas de cumpleaños antes. He soplado las velas mientras la gente me cantaba el «cumpleaños feliz». Pero nunca había imaginado estar en pie delante del castillo de Cenicienta, mirando alucinada un pastel gigantesco que había ganado el concurso «Diseña un pastel para el cumpleaños de Miley», rodeada por dieciséis velas de treinta centímetros, mientras miles de personas cantaban para mí. «Soplé» las velas (eran eléctricas, así que alguien debió de encargarse de irlas apagando en el momento exacto), y, en cuanto se apagaron, empezaron los fuegos artificiales. ¡Fuegos artificiales!

¿Cómo me sentí en ese momento? No puedo decíroslo realmente. Fue algo demasiado grande para absorberlo, y todavía no he logrado asumirlo. Sólo sé que fue una noche que jamás habría imaginado. Una noche sorprendente e inolvidable. Pero, además, tenía un propósito mayor: recaudar fondos para una buena causa, y eso es todavía más significativo que la celebración de cumpleaños de una chica de dieciséis años.

Una vez terminada la fiesta y cuando todos los amigos se fueron de nuestra *suite*, era medianoche. El parque estaba vacío y cerrado, y me dejaron montar en las atracciones. ¿Os lo imagináis? Toda Disneylandia para mí. Era una oportunidad única en la vida. Pero estaba taaaaaan cansada. Montamos en dos atracciones y luego me giré hacia mamá y le dije: «Vámonos a casa.» Y eso hicimos.

Viviendo el sueño

Yo no actúo ni canto para ganar premios. Tampoco lo hago por dinero. Son aspectos bonitos de mi trabajo, pero no son lo que me conmueve.

Hago todo por amor al arte. Me encanta hacer música, interpretarla y dar algo especial a la gente que viene a escucharme y a verme. Stevie Wonder es ciego, y no importa si sus premios brillan como diamantes o son pedruscos oscuros y sin brillo, mientras a él le guste su música. Beethoven siguió haciendo música después de quedarse sordo. Cuando te olvidas de las sensaciones que experimentas y sigue gustándote lo que haces, es cuando sabes de verdad que se trata de una vocación.

* * *

Hebreos 13: 5-6

No seáis amantes del dinero,
Contentaos con lo que tenéis;
Pues Dios ha dicho: «No te dejaré ni te
abandonaré.»

Aunque sé que estoy ganando mucho dinero, ese dinero va a alguna cuenta misteriosa, no sé dónde, cosa que no me afecta en absoluto. Sólo hago el trabajo que me hace feliz. Mi abuelo siempre decía: «Si te gusta lo que haces para ganarte la vida, no tendrás que trabajar ningún día más en la vida.»

No tengo una cartera llena de billetes ni tarjetas de crédito para comprarme lo que me apetezca. Es una ventaja ser una estrella infantil: más adelante, cuando sí tenga acceso a mi dinero, podré mirar atrás a esta época y sabré que era feliz persiguiendo mi sueño sin recompensas materiales. Espero no tener necesidad de aplicarme esta lección, pero me alegro de tenerla presente. **Al final de la vida, lo único que tienes es lo que has sentido mientras avanzabas por la vida.** Es lo que decía mi abuelo, y ahora que el abuelo ya no está, lo dice papá. No tienes bolsos a la moda ni una lista de fiestas a las que te han invitado. Recortes de prensa, incluso discos de música: ninguno de estos éxitos o cosas materiales importa al final. No puedes llevarlos contigo. Lo que realmente importa, y lo que tienes en el corazón al final de tus días, es el amor y la alegría que has vivido y que has dado.

La gente a veces me pregunta si siento que me estoy perdiendo una infancia y una adolescencia normales. Si pienso alguna vez en términos de ¿y si...? ¿Haría algo diferente si pudiera volver a empezar?

Después de todo lo que he visto (las infancias más duras) y todo lo que he vivido (hacer realidad mi sueño) jamás se me ocurriría detenerme a pensar en lo que me puedo estar perdiendo. Sé que no estoy yendo a un instituto de verdad. Sé que no estoy disfrutando de las fiestas de inicio de curso ni de los bailes de final de curso. No puedo ir al cine a ver una película sin que me reconozcan y todo lo que eso comporta.

Sí, hay partes divertidas de ser una adolescente normal, cosa que nunca he vivido ni nunca viviré. Y por supuesto, hay muchos días en los que no me apetece levantarme a las 6:30 de la mañana.* Hay días en los que no he dormido lo bastante y no me levantaría por nada del mundo. A veces el plató me parece una

* Seguro que me pasaría lo mismo si fuera al instituto.

266

cárcel. Hay ciertos sacrificios que tengo que hacer. Y hay sacrificios que mi familia está haciendo por mí. En los momentos más tranquilos, que son pocos y de uvas a peras, pienso en lo que me estoy perdiendo. Me lo pregunto, pero no como un deseo. Todo vale la pena cuando veo un episodio de *Hannah* en la tele, o escucho un corte de una canción que expresa lo que quería decir, o interpreto mi nuevo CD para un niño en un hospital. Lo bueno compensa lo malo. No está bien quejarse. Y no me quejo. No puedo. No puedo imaginarme aferrándome a lo negativo cuando hay tantísimas cosas geniales en mi vida.

He encontrado mi sueño pronto. Y lo estoy viviendo. Hay mucha gente que encuentra su sueño. Creo que en lo único que me diferencio es que mi sueño se hizo realidad antes de entrar en el instituto. Me siento agradecida. Sé lo afortunada que soy. No soy tan ingenua de pensar que cualquier persona de cualquier país de la Tierra puede conseguir hacer realidad sus sueños. **Pero de lo que sí estoy segura es de que nunca encontrarás tu sueño si no alargas el brazo tanto como puedas.**

SUEÑO

con Brandi

Persigue tus sueños
Sigue a tu corazón
Muestra a todo el mundo que puedes ser
La estrella que brilla en un cielo gris
No pierdas la fe
Porque puede llegar el día
En que todo desaparezca
Ah, pero tus sueños seguirán estando allí

Las cosas pasan por un motivo

Cuando mamá estaba embarazada de mí, papá la llamó desde la carretera. Dice que tuvo una visión. Un instinto. Del mismo modo que papá toca música de oído, también le gusta tocar la vida de oído. Dice que su intuición le dijo que el bebé en el vientre de mamá estaba destinado a ser algo que representara la luz. Algo positivo. Dijo: «¿Sabes qué? Tengo el presentimiento de que el pequeño bebé es Destiny Hope Cyrus [Destino Esperanza Cyrus].» Cuando la famosa intuición de papá habla, todos le escuchamos. Así que mamá dijo: «Ya está. Éste será su nombre.» Pero en cuanto nací pasé a ser Smiley [Sonriente], luego Smiley Miley, y finalmente Miley. No creo que nadie me haya llegado a llamar nunca Destiny, así que decidí cambiarme legalmente el nombre por Miley.

Mis padres me llamaron Destiny Hope porque creían que mi destino era darle esperanza a la gente.

Ahora mismo, mi vida parece llevada por el destino, aunque tal vez eso sea sólo porque mis mayores sueños se están haciendo realidad. La mayoría de la gente sufre altibajos, éxitos y fracasos, hasta descubrir cuál es su auténtica vocación. Papá fue boxeador durante mucho tiempo, y luego pensó que podía ser jugador de béisbol. Pero entonces tuvo un sueño que le dijo que se comprara una guitarra para zurdos y formara una banda. Lo hizo, y el resto es historia. Yo descubrí mi vocación a temprana edad, y siempre existe la posibilidad de que pueda fracasar.

Cuando era niña, papá siempre me recordaba que Thomas Edison fracasó diez mil veces mientras trataba de inventar el acumulador. Cuando un periodista le preguntó a Edison acerca de sus fracasos, él respondió: «No he fracasado setecientas veces. No he fracasado ni una sola vez. He conseguido demostrar que ninguna de esas setecientas maneras funciona.» Ya lo entiendo. **El ingrediente más importante del éxito es el fracaso.**

Mandy a veces me dice que soy la persona afortunada con más mala suerte del mundo. Se me rompen los tacones. Me explotan los secadores del pelo. Me quedé atascada en la atracción de «La venganza de la momia», en Universal Studios. Me quedé atascada en

Tengo especialmente mala suerte en los parques de atracciones. Excepto cuando se trata de fiestas de cumpleaños.

«La montaña del chapoteo» de Disneylandia durante media hora. Estaba en la alfombra roja con Taylor Swift y Katy Perry cuando vino una abeja y le picó a una de las tres. ¿A cuál? A mí, por supuesto (mala suerte). Hace pocos días, estaba con Mandy en el centro comercial cuando me bajó la regla y no tenía tampones (mala suerte). Fui a la máquina dispensadora a comprar uno, pero no tenía cambio (mala suerte). Entonces algo cambió. Mientras estaba de pie, observando el dispensador de tampones, cayeron cuatro tampones de la máquina a mis manos (¡qué suerte!). Y más tarde, mientras sacaba veinte dólares de un cajero automático, me salieron sesenta pavos (¡qué suerte!).* Tal como yo lo veo, los momentos malos hacen que los momentos buenos sean mejores. Eso no significa necesariamente que me guste olvidarme de mis líneas del guión o equivocarme en un movimiento de baile, pero capear todas las frustraciones y victorias cotidianas nos ayuda a prepararnos para las decepciones mayores que seguro que vendrán.

No sé cuánto me durarán la fama y el éxito, pero si de aquí unos años estoy actuando en cafeterías en vez de en estadios, no me importará mientras todavía me sienta inspirada y sea consciente de que inspiro a

* ¡Los devolví, por supuesto!

unas pocas personas. Seguiré haciendo mi arte. Y, como he dicho cuando hablaba de la fiesta de mi decimosexto cumpleaños: de momento, mientras sea el centro de atención, quiero utilizar ese privilegio para algo bueno. Tengo la oportunidad de influir positivamente en el mundo. Puede que me haya cambiado el nombre, pero eso no significa que le diga que no al destino que mis padres previeron para mí. No quiero que Esperanza sea sólo un segundo nombre, sino que quiero tratar de dársela a toda la gente que conozco o con la que tengo contacto. Escribí una canción llamada *Wake Up America* [*Despierta Estados Unidos*] que habla de cuidar el planeta. Está en mi álbum *Breakout*, que hasta la fecha ha vendido más de un millón de copias. ¿Cuántas ocasiones tenemos de recordar a tantos chicos que éste es su planeta y que tienen que amarlo y salvarlo? ¿Debemos proteger el futuro? Yo tengo esta oportunidad y quiero aprovecharla al máximo. Me encuentro con niños en hospitales y colegios y espero hacerles sonreír durante ese breve instante, y quiero seguir haciendo cosas importantes para organizaciones como City of Hope o Youth Service America, que realmente marcan la diferencia a largo plazo.

¿Cómo podría haber nacido con un nombre como

Destiny Hope y no creer que las cosas suceden por un motivo u otro? La vida es impredecible. Nada está grabado en piedra. Os he hablado de mí misma, pero realmente no puedo decir quién seré. No existe lo correcto o lo incorrecto, el éxito o el fracaso. Yo no veo las cosas blancas o negras. Mi vida no será un compendio de esto o lo otro (música o actriz, rock o country, puritana o rebelde, esto o aquello, sí o no). Las indecisiones importantes de la vida no son tan simples. Yo lo veo más como una historia que sigue avanzando, con días de lo más normales y luego sorpresas que lo ponen todo patas arriba. No me marco límites. Quiero ser lo mejor que pueda ser. Quiero tener grandes sueños, pero los sueños cambian.

Qué quiero, quién quiero ser, cómo quiero pasar mi tiempo (me gusta mantener abiertas estas preguntas). Es la vida. Yo vivo todos los días de mi vida. Cuando piensas así (y cuando sólo tienes dieciséis años) estás viviendo una historia que tiene muchas páginas en blanco por delante. **Si hay un mensaje que tengo para mis fans, es que podéis hacer que vuestros sueños se hagan realidad, pero tenéis que disfrutar del simple hecho de existir. Aprovechad al máximo la vida diaria. Yo me** muero de ganas de ver qué me deparan los días que vendrán, pero tampoco quiero llenarlos demasiado deprisa.

7 **cosas que podría ser cuando sea mayor**

1. fotógrafa

2. directora musical

3. profesora de música

4. escritora

5. compositora para películas

6. piloto

7. paseadora de perros

Epílogo:
antes de acostarme

Cuando papá me dice que por cada acción hay una reacción igual y en sentido contrario, no suele pararse aquí. Me recuerda que la vida es una serie de altibajos, de picos y valles para todo el mundo de cualquier profesión y condición social: granjeros, empresarios y mujeres, gente que trabaja en fundiciones, como hacía mi abuelo... Y que es mucho más difícil bajar que subir. Pero en los valles, descubres quién eres realmente.

Mis padres hablan a veces del día en que todo esto se frene. Mamá cree que disfrutaré más de la vida. Papá cree que tendré más tiempo para asumirlo. Pero yo sé que soy afortunada por el presente. Me encanta mi trabajo. Si un día no tengo que trabajar tan duro, no sé qué haré con el tiempo y la energía sobrantes, aunque tengo algunas ideas (leedlo en las próximas páginas). Podría dedicarme muy, muy en serio a la caligrafía.

Aun sabiendo que me esperaba una fiesta, no quería que llegara mi decimosexto cumpleaños. Me encanta ser una niña mimada y creía que eso se podía acabar. Ni siquiera tengo idea de cómo hacer la colada (ésta es una de las cosas en que mamá me ha mimado un poco). Tengo un montón de responsabilidades de adulta (trabajar a jornada completa mientras sigo haciendo mis deberes, asistir a reuniones, cumplir plazos). Mamá sabe que a ratos necesito ser una niña, para sentirme segura y cuidada y llevada en coche (aunque espero que esto último termine en cuanto me saque el carnet de conducir).

Aunque sí, voy a tener que averiguar cómo se hace la colada en un momento u otro antes de irme de casa. ¿Y sabéis qué? Que casi me emociona. Porque no importa lo que haga, aunque sólo sea hacerme la colada, saldré adelante, crearé mi propio futuro (y todavía me queda mucho camino por andar).

100

cosas que quiero hacer
antes de morir

1. ~~viajar en helicóptero~~ HECHO

2. ir al fondo del océano

3. casarme / tener hijos

4. visitar la Gran Muralla

5. tirarme en paracaídas

6. viajar en globo

7. recorrer Europa con una mochila

8. ganar un Grammy

9. ayudar a combatir el hambre en otro país

10. conocer a Isaac Pablo

11. abrir campamentos de verano para niños con síndrome de Down

12. concienciar sobre los embarazos de adolescentes

13. ir en misión de paz a África

14. nadar en el mar Rojo

15. pagar las facturas de mi abuela

16. aprender a surfear

17. ~~escribir la historia de mi vida~~ ¿HECHO, SUPONGO? (¡por ahora!)

18. abrir una empresa de pelucas para niños

19. ir a Hawai a celebrar mi cumpleaños

20. construir una escuela

21. alquilar un chalet en Surrey

22. diseñar botas de mujer sin cuero ni lana

23. leerme toda la Biblia (en proceso)

24. ver la aurora boreal

25. ir de compras a Milán

26. ir a Egipto a ver la tumba de Tutankamon

27. ir a Jerusalén

28. correr una maratón

29. pilotar un avión

30. sacarme el carnet de moto

31. cruzar el país

32. vivir en Tejas

33. escalar el Everest

34. vivir fuera del país

35. estar en dos lugares a la vez

36. visitar a niños en hospitales de los 50 estados

37. ¡montar a caballo en la playa!

38. comprarle a mi hermana un husky de peluche

39. hacer un álbum de country

40. hacer un disco de heavy

41. dar a conocer a Buddy Holly a esta generación y lograr que llegue a estar entre los diez primeros en iTunes

42. comprar la casa de mi abuelo

43. ir a pescar y llegar a capturar un pez

44. ir a las islas Fidji

45. producir un disco de mi hermana pequeña

46. construir a mis padres una casa en la playa
47. vivir con una familia en Tailandia y ver cómo es su vida cotidiana
48. cavar un pozo en Indonesia
49. inventar algo... ¡todavía no sé qué, ja, ja!
50. ¡¡¡¡terminar esta lista y llegar a 100!!!!

Índice